LE DRAME DU VÉSUVE

AF377091

CHARLES ERNEST BEULÉ

Copyright © 2022 by Culturea
Édition : Culturea, le patrimoine des lettres (Hérault,34)
Mail : info@culturea.fr
Retrouvez notre catalogue sur culturea.fr
Impression : BOD - In de Tarpen 42, Norderstedt (Allemagne)
ISBN : 9782385087524
Dépôt légal : Novembre 2022
Tous droits réservés pour tous pays

AVERTISSEMENT.

L'ensevelissement de cinq villes par le Vésuve est un drame propre à frapper l'imagination. Des détails poétiques ont été ajoutés ; le roman s'est emparé du sujet ; Bulwer l'a revêtu de sa couleur ; aujourd'hui les préjugés sont enracinés, les erreurs populaires.

J'ai visité Pompéi à des époques diverses de ma vie. Très jeune, j'ai ressenti dans leur naïveté les ravissements d'une intimité subite avec l'antiquité. Plus tard, après un séjour de quatre années en Grèce, j'ai trouvé Pompéi petit et son art m'est apparu tel qu'il est — un art de décadence. Enfin, j'y suis revenu dans l'âge mûr ; j'ai désiré alors me rendre compte d'événements extraordinaires dont j'avais accepté l'explication banale comme tant d'autres ; j'ai reconnu que la vérité avait plus de charme que la convention et que la plus forte poésie était la poésie des faits.

Ce que les ignorants appellent un prodige, n'est pour la science qu'un phénomène naturel : j'ai voulu faire concorder les circonstances de ce phénomène. Le Vésuve est l'auteur de désastres qu'on croyait sans précédents. Je me suis complu dans mon enquête, avec la patience d'un magistrat qui instruit une affaire et suit les traces d'un crime : ce sont les résultats de l'instruction que je livre au jugement du public.

I. — L'ANCIENNE CAMPANIE.

Il n'est plus permis aujourd'hui de décrire le golfe de Naples ; ceux qui ne l'ont pas vu le connaissent, tant ils l'ont entendu célébrer. Le ciel et la mer, la côte et les îles, les plaines fertiles et les montagnes découpées, une rivière de maisons blanches ou de villas peintes en jaune et en rouge, le Vésuve fumant, les barques, les filets tirés sur la plage par les pêcheurs aux jambes nues, les barcarolles et les tarentelles, la gaieté, la mollesse, les lazzaroni étendus au soleil, tout a exercé le talent des peintres aussi bien que l'esprit des poètes ; et cependant la désolation a passé jadis sur ce lieu enchanté, la nature et l'homme ont détruit à l'envi l'œuvre du Créateur et de la civilisation, les éléments ont bouleversé le sol, les barbares ont accumulé les ruines. Les rivages sont couverts d'un sable noir, la mer a été refoulée, les ports sont comblés, les villes ensevelies sous la cendre, les rochers dorés sont enveloppés de lave et de scories ; un deuil ineffaçable s'est étendu sur une partie du golfe ; le Vésuve, riant jadis et cultivé, est devenu sombre et comme une perpétuelle menace. Tout est décadence, depuis Baïa et Misène jusqu'à Pompéi et Stabies. Des événements terribles ont en quelque sorte déformé ce sol, dont la beauté primitive peut à peine être conçue.

Avant de faire un effort pour retrouver ces images perdues, il faut entrer dans l'antiquité et demander des secours à l'histoire. Il ne suffit pas de s'élancer dans le vide : pour arriver à quelque vraisemblance, il faut chercher un point d'appui dans les traditions écrites, qui sont peu nombreuses, et dans les traditions locales, autant qu'elles touchent à l'archéologie.

En premier lieu, quel peuple, vraiment digne d'envie, possédait ce pays privilégié ? Quel était le tempérament ou le génie des habitants de ce paradis terrestre ? Il est constant que la côte de la Campanie, entre Herculanum et Stabies, était occupée par les Osques ; ils se prétendaient autochtones, se confondaient avec les antiques Ausoniens chantés par les poètes ; ils parlaient une langue qui n'était pas sans parenté avec celle des Latins, que l'on comprenait à Rome, et qu'ils écrivaient avec des caractères empruntés au vieil alphabet dorien. D'abord les Osques étaient agriculteurs et guerriers comme les populations montagnardes ; ils étaient rudes, aimaient le travail ; mais peu à peu ceux qui occupaient la plaine (*campani*) subirent l'influence d'un climat enchanteur qui les portait à la mollesse ; ils changèrent de mœurs, recherchèrent les arts et les plaisirs. Ce qui contribua surtout à les adoucir, ce fut le contact des étrangers, c'est-à-dire d'une civilisation plus avancée.

Les premiers paraissent avoir été les Phéniciens, ces grands navigateurs, qui cherchaient partout des débouchés pour leur commerce, des sources de matières premières, des abris sûrs pour leurs vaisseaux. Pompéi leur devait le culte de Vénus, d'une certaine Vénus Physica[1], dont l'origine asiatique n'est point contestée, et qui devint, comme à Corinthe, la divinité protectrice de la ville. En

---

1 On jurait par Vénus pompéienne. Qui n'a vu reproduit ce joli *grafito* :
   Candida me docuit nigras odisse puellas.
Une blanche jeune fille m'a appris à haïr les filles à la peau noire. Un plaisant écrivit au-dessous :
   Oderis, sed iteras.
   Scripsit Venus Physica Pompeiana.
Tu les hais, mais tu y reviens. Signé Vénus Physica Pompéiana.

effet, dans le temple qui est contigu au forum, (ce n'est point ici le lieu de le décrire) on n'a pas assez remarqué, dans la cella même, à gauche, une grosse pierre de forme conique, semblable aux idoles primitives que l'on conservait dans les temples de l'Asie-Mineure et de quelques villes de la Grèce ; on les appelait *bétyles*[1] et on les ornait de draperies. Les inscriptions tracées à la pointe sur les murs de Pompéi invoquent plus d'une fois Vénus pompéienne ou Vénus Physica, et P. Cornelius Sylla, quand il y envoya une colonie, ne lui donna point d'autre nom que celui de *Colonia Veneria-Cornelia*.

Après les Phéniciens viennent les Grecs, qui se répandent sur la côte, y propageant le commerce et le goût. Fondée en 1050, Cumes acquiert une puissance qui bientôt résistera à toute la confédération des Étrusques ; elle étend peu à peu ses établissements et fonde Dicéarchia (Pouzzoles), Parthénopé, qui prend le nom d'une des sirènes, jusqu'au jour où, agrandie par les exilés de Cumes, elle s'appellera *la nouvelle ville*, Néapolis, et gardera ce nom dans l'histoire. Plus loin, à une demi-lieue de Parthénope, la ville d'Hercule (Héracléion, en latin *Herculaneum* ou *Herculanum*) trahit aussi son origine grecque. Le souvenir d'Hercule apparaît presque toujours à côté des phénomènes volcaniques, des sources sulfureuses, des émanations méphitiques, qui semblaient au vulgaire annoncer l'entrée des enfers. Près d'Herculanum, et peut-être dans sa dépendance, Rétina offre son port, où les navires légers trouvent un abri, tandis que les barques sont chaque soir tirées sur le sable. Vers le fond du golfe, Pompéi est un entrepôt pour le commerce, le nœud des relations constantes avec les Osques ; c'est là qu'ils apportent leurs huiles, leurs vins, leurs laines, soit par terre, soit par le fleuve Sarnus, qui était navigable dans l'antiquité.

En même temps que les Grecs, les Étrusques étendent leurs conquêtes jusqu'au milieu de la Campanie. Repoussés sur mer par les flottes des Cuméens et d'Hiéron, tyran de Syracuse, allié de Cumes, ils s'avancent par-dessus le Latium et Rome, soumise à leurs lucumons, jusqu'à Capoue et Nola, et fondent une confédération de douze villes, image des douze lucumonies du nord. La civilisation étrusque a dû exercer à son tour quelque action sur les sociétés osques et sur le génie campanien.

La quatrième source d'influence, la plus puissante, c'est Rome, qui luttera longtemps avec les Campaniens avant de les plier à sa langue, à ses formes politiques, à ses mœurs ; même quand la conquête sera définitive, l'assimilation ne sera jamais complète.

Ainsi, étant donnés ces quatre points de contact qui se succèdent dans une période historique d'au moins douze siècles, les Osques de la Campanie ont pris aux Orientaux le culte de leur déesse tutélaire ; aux Grecs la notion des arts, la culture de l'esprit, le commerce ; aux Étrusques le goût du luxe, des bijoux, des riches ameublements, des bronzes bien ciselés, des combats de gladiateurs, la science de la bonne chère et de la volupté ; aux Romains la constitution municipale, la discipline administrative, et, après une longue domination, la langue et les mœurs.

Lorsqu'un peuple montagnard descend dans la plaine, il se produit nécessairement chez lui de grandes modifications, mais il lui reste toujours quelque chose de la vigueur et du tempérament natifs. Tout en recevant de leurs voisins ou de leurs conquérants une forte empreinte, les Campaniens restent eux-mêmes ; ils conservent un esprit indépendant, et ne cessent de protester contre leurs maîtres. Amollis peu à peu par le climat, s'éloignant de plus en plus

---

1 On verra une de ces pierres coniques habillées, sur un tétradrachme d'Athènes que j'ai publié. (*Monnaies d'Athènes*, in-4°, p. 318.)

du type osque primitif, ils ne s'assimilent point pour cela aux conquérants, et ils luttent contre les influences qui les envahissent, donnant par là les preuves les plus sensibles de leur vitalité. Par exemple, après six siècles de relations étroites avec Cumes, lorsque la confédération des Samnites veut reconquérir sur tous les étrangers les terres et les côtes perdues, les Campaniens semblent céder avec joie aux Samnites, qui sont de leur race, parlent la même langue, servent de la même écriture ; ils vont avec eux assiéger Cumes (l'an 417), vendre ses habitants comme esclaves et effacer cette brillante colonie, qui avait été la parure et la richesse de l'Italie méridionale. Mors les Pompéiens se trouvent dans leur élément, ils sont redevenus purement Osques, ils héritent d'une partie de la richesse de Cumes : c'est à cette époque qu'ils élèvent les solides murailles qui ont été découvertes sur une certaine étendue, et attestent la prospérité du peuple qui les a bâties.

Quand les Romains, en 310, font la guerre aux Samnites et portent leurs armes sur les côtes de la Campanie, les Pompéiens contribuent à repousser la descente de P. Cornélius près de l'embouchure du Sarnus et à forcer le général romain à se rembarquer. En 290 toutefois, il faut se soumettre avec le reste de la confédération samnite, renoncer au magistrat national, le *meddixtucticus*, pour devenir un municipe et nommer des duumvirs, des édiles, des décurions, selon les lois romaines ; mais la soumission n'est qu'apparente, et, même après deux siècles, les Campaniens d'Herculanum, de Pompéi, de Stabies, prennent une part énergique à la guerre sociale et proclament leur indépendance. Sylla vint mettre le siège devant Stabies ; les Pompéiens assistent aux péripéties de la lutte du haut de leurs murailles et se préparent à subir à leur tour le sort de leurs voisins. En effet, après la destruction de Stabies, Pompéi. est assiégée, fait une défense énergique, est secourue trois fois par Cluentius, général samnite, et obtient de Sylla une capitulation qu'elle ne doit qu'au désir qu'a le général romain de regagner Rome pour y briguer le consulat. Plus tard, devenu dictateur, Sylla se souvint d'une ville qui lui avait si énergiquement résisté : pour mettre un frein à celte humeur hostile, ou pour infuser à ces rebelles du sang romain, il envoya une colonie militaire, trois cohortes, c'est-à-dire près de deux mille vétérans, pour lesquels il fallut se dépouiller d'un tiers des propriétés. Ce partage n'eut pas lieu sans protestations, sans une résistance acharnée, dont Cicéron nous a conservé le souvenir.

Quelques années plus tard, les Pompéiens sont-ils devenus plus dociles ? Non, car le neveu de Sylla qui a conduit la colonie, P. Cornélius Sylla, est accusé d'avoir conspiré avec Catilina et d'avoir voulu diriger les Pompéiens contre Rome, tandis que les complices de Catilina essayaient d'entraîner les autres provinces. Cornélius Sylla fut défendu par Cicéron, qui avait une maison de campagne[1], non pas à Pompéi, mais sur son territoire. Plus tard, pour assouplir encore l'esprit des Pompéiens, Auguste leur envoya une nouvelle colonie qui fut établie dans un faubourg, peut-être sur des terrains cédés ou rachetés par la commune. Les murs, devenus alors inutiles, furent en partie abattus, et les portes de la ville tombèrent pour avoir des communications journalières avec le *Pagus Augusto-Felix*.

Enfin le caractère national, persistant, rebelle, facilement agressif, inflammable comme les têtes ardentes du Midi, éclate encore sous l'empire et malgré le joug terrible des césars. L'an 59 de notre ère, un certain Livineius Regulus, rayé du sénat, réfugié en Campanie, donna un combat de gladiateurs dans

---

[1] Il y composa le traité sur *les Devoirs*, et y reçut Octave revenant de Grèce pour recueillir la succession de César.

l'amphithéâtre de Pompéi. L'affluence fut grande, on accourut des villes voisines ; mais une rixe s'éleva entre les Pompéiens et les habitants de Nucéria. Des injures on passa aux pierres, des pierres aux coups, des coups aux armes, et bientôt la populace se livra une bataille en règle dans l'amphithéâtre et dans les environs. Les étrangers, moins nombreux, mal armés, eurent le dessous et prirent la fuite. Les parents des morts allèrent se plaindre à Rome ; les blessés s'y firent transporter en litière et demandèrent justice à Néron, qui renvoya la cause au sénat. Le sénat décida que Pompéi serait privée de combats de gladiateurs pendant dix ans, c'est-à-dire de l'an 59 à l'an 69.

Le souvenir de cette bataille, conservé par Tacite[1], est rappelé par un dessin familier, avec une inscription tracée à la pointe sur une muraille de Pompéi. Un gladiateur descend les degrés de l'amphithéâtre, il tient une palme ; de l'autre côté des gradins, deux personnages indiqués par quelques traits d'une main fort inexpérimentée semblent se battre. Au-dessous, on lit Ô Campaniens vainqueurs, vous êtes perdus aussi bien que les habitants de Nucéria[2]. En 1869, en déblayant une assez chétive maison de la rue qui va du temple d'Isis à l'amphithéâtre, M. Fiorelli trouva une peinture qui représentait l'amphithéâtre de Pompéi[3]. L'exécution de cette peinture est horriblement négligée, mais on distingue nettement, en vue cavalière, l'amphithéâtre avec ses gradins, ses escaliers extérieurs, que l'artiste a rendus avec une naïveté enfantine, le velarium tendu au sommet pour protéger les spectateurs contre le soleil. Derrière l'amphithéâtre se dressent les murs de la ville avec leurs tours ; devant, une place plantée d'arbres est couverte de baraques en bois dressées par les marchands ambulants à l'occasion des jeux ; à droite est un grand édifice rectangulaire (qu'il sera facile à M. Fiorelli de nous rendre un jour) ; l'intérieur est découvert, et le petit bassin du milieu de la cour est figuré par le peintre. De tous côtés, même sur les remparts, même sur le sommet de l'amphithéâtre, des personnages esquissés par deux ou trois coups de pinceau, combattent, se défendent, se poursuivent, se tuent ; des blessés et des morts sont étendus sur le sol. Le costume de tous les combattants consiste en une simple tunique attachée à la ceinture : cela s'accorde avec le témoignage de Tacite, qui nous montre le bas peuple (*plebs*) seul mêlé à cette rixe sanglante.

Il faut donc soigneusement noter cette persistance du caractère national. Hostiles aux conquérants et à leurs mœurs, les Campaniens reçoivent beaucoup d'eux, mais ils protestent toujours et saisissent les occasions de secouer le joug : leur originalité triomphe à travers toutes les influences. Les Napolitains modernes, il faut le reconnaître, ont, comme leurs ancêtres, cette tête ardente sous les dehors de l'insouciance et du rire. Leur indolence dans la vie ordinaire n'empêche point leur sang de s'enflammer clans les agitations politiques. Il n'est point de peuple plus prompt à la révolte, ils l'ont prouvé aux étrangers de toute sorte qui ont occupé le pays. Angevins, Espagnols, Français, Bourbons ou Bonapartes, Italiens du Nord ou dictateurs révolutionnaires, ont dû tour à tour compter avec une race dont on ne prévient guère les explosions. Les Campaniens modernes ont conservé une égale aptitude à faire des révolutions, s'ils habitent les villes, et, s'ils habitent la montagne, à protester par le brigandage contre un gouvernement étranger et contre ses administrateurs.

---

1 *Annales*, XIV, 17.
2 *Campani victores, una cum Nucerinis peristis.*
3 *Giornale degli Scavi di Pompei*, nuova serie 1869, p. 185 (article de M. de Petra) et planche 8.

Il est vraisemblable que les Campaniens ont conservé leur originalité et leur type aussi énergiquement que les Étrusques dans le nord de l'Italie, les Gaulois en France, les Berbères en Afrique, les Basques en Espagne. Les races douées d'une vitalité particulière et qui méritent le nom d'autochtones, absorbent et effacent les immigrations des autres races avec autant de facilité que la végétation d'un pays étouffe et fait disparaître les fleurs exotiques auxquelles la culture les force de céder momentanément la place. Une population nombreuse, d'un sang vif, d'un tempérament heureux, d'un caractère tranché, s'assimile sans peine des conquérants peu nombreux, détachés de leurs semblables, plus vite énervés par le climat. C'est au pied du Vésuve surtout qu'il faut tenir compte de l'action du climat sur les nouveau-venus. Certes le ciel du sud de l'Italie n'est pas plus beau que celui de la Grèce ou de l'Ionie, mais l'atmosphère offre des conditions très différentes. Les pluies douces et fréquentes, les variations brusques de la température, les vapeurs et les orages, l'air plus épais des plaines et le vent plus brûlant de l'Afrique, soumettent le corps à des alternatives qui le rendent sensible comme la corde d'une lyre, l'appauvrissent par l'excès de sensations, et développent le système nerveux aux dépens du système musculeux. L'état électrique d'un pays n'est pas assez compté dans les conditions extérieures qui agissent sur le développement ou la décadence d'un peuple. S'il est un lieu où l'électricité joue un rôle dans ces transformations, c'est assurément le golfe de Naples, terrain volcanique, exposé aux éruptions, aux émanations de gaz de toute sorte, aux tremblements de terre ; l'électricité du sol y est plus violente et plus changeante que celle de l'air.

Les étrangers pouvaient résister à ces influences beaucoup moins que la race acclimatée depuis tant de siècles. Ils s'affaiblissaient de génération en génération, et leurs mariages avec les indigènes ne les régénéraient qu'au profit du type indigène, qui prédominait dans ces croisements. Les Grecs, si sobres chez eux, si dédaigneux de la grossièreté de la matière, s'énervèrent eux-mêmes dans le sud de l'Italie. Leurs colonies les plus prospères finirent dans une honteuse mollesse. Les Grecs du golfe de Naples subirent la même loi ; ils n'avaient plus, du reste, de liens avec la mère patrie et n'en recevaient aucun contingent d'hommes, tandis que les Campaniens se recrutaient sans cesse dans la montagne et en tiraient un sang nouveau. Eux aussi ont été soumis à l'action du climat, ils se sont amollis, et le montagnard osque est devenu l'habitant dépravé de la bienheureuse Campanie ; mais, enfants du sol, en relations constantes avec les Apennins, leur berceau, ils étaient régénérés sans cesse ; les robustes paysans, que l'appât des salaires attirait, descendaient dans les villes du littoral et y faisaient souche de citadins. On cite trop volontiers les conquérants qui ont occupé Naples et y ont dû laisser des traces de leur passage ; on cherche avec trop de complaisance le profil grec, le caractère romain, la ressemblance des Arabes, des Angevins ou des Espagnols. Il est possible de satisfaire quelquefois cette passion archéologique : on trouvera des analogies de types dans les familles aristocratiques surtout, parce que les conquérants se mêlaient plus naturellement à l'aristocratie par des alliances, constituant eux-mêmes un nouvel élément d'aristocratie ; mais, à ces exceptions près, tout a été éliminé ou absorbé par l'énergie du sang national. Le peuple proprement dit est bien resté campanien, il est l'héritier direct des Osques établis sur le golfe de Naples ; il a conservé en partie les qualités et les défauts de l'ancienne population, affaiblie par une longue suite de siècles, gâtée par le vice, rendue lymphatique par le régime des villes.

Le type physique est très particulier : il est unique en Italie, il ne ressemble ni au type romain, ni au type toscan ; ce n'est ni celui des Siciliens, ni celui de la vieille race gauloise, qui occupe encore la Cisalpine c'est-à-dire le nord de l'Italie. Les Napolitains ont les yeux d'un noir métallique, les cheveux d'une teinte presque brûlée ; ces cheveux ne sont pas admirablement plantés sur le front comme ceux des Grecs, ou épais sur la nuque comme ceux des Romains ; ils ont quelque chose de capricieux et d'irrégulier ; le teint est mat, plutôt brun que bronzé. Le nez est caractéristique ; il est presque toujours prononcé, mais sans style ; gros à l'extrémité, il parait un peu enflé. La voix, qui chez les hommes prend avec aisance les tons les plus divers, et dans les querelles les sons les plus aies, est gutturale chez les femmes ; les jeunes filles elles-mêmes ont dans certaines notes un organe rauque et voilé qui ressemble à de l'enrouement.

La taille est moyenne, rarement élégante comme dans le Nord : il n'y faut chercher ni la force, ni la grandeur, ni la noblesse d'attitudes. Les montagnards sont plus trapus, plus robustes, parce qu'ils sont laborieux, chasseurs, habiles à planter la vigne au pied des ormes ou à construire des murs de pierre sèche pour retenir sur les pentes escarpées la terre où poussera l'olivier. Les habitants de la plaine, au contraire, sont plus languissants ; ils aiment l'indolence ou se résignent au commerce, parce que c'est encore une forme de la paresse, et parce qu'ils restent assis derrière leur comptoir ou causent sur le seuil de leur boutique, se souciant à peine de l'acheteur. Sans besoins très vifs, consolés et fêtés par le climat, heureux de respirer, joyeux de vivre, ils aiment le rire, le chant, la dansa et le soleil. La mendicité n'est point un état qu'ils condamnent, ni l'obscénité une habitude qui leur répugne ; l'idée nette de la propriété d'autrui ne pénètre que lentement dans l'esprit de la basse classe.

Le trait dominant de la race, c'est la mimique, c'est-à-dire une vivacité d'action, une précision dans les mouvements du corps pour traduire la pensée, un accord entre la parole et le geste, qui sont à peine croyables. Rien ne leur est plus naturel que le don d'improviser en prose comme en vers, et chaque automne la fête de *Piè di Grotta* leur fait créer en commun le chant populaire de l'année. L'éloquence leur est innée, vulgaire mais spirituelle, licencieuse mais pleine de feu. Un crieur public, pour vendre à l'encan un morceau de drap ou un mouchoir, montrera une verve, une abondance d'arguments et une souplesse de talent que lui envieraient bien des orateurs. Un capucin ignorant, prêchant sur l'estrade qui lui sert de chaire, saura, à force de gestes, d'inflexions dans la voix et de prestesse dans ses évolutions, mettre en scène Dieu, le diable, les saints, les pécheurs et tout le drame du jugement dernier. Dans les querelles surtout, le Napolitain est intarissable ; sa colère bouffonne a tour à tour des cris et des lazzis qui constituent une véritable comédie, et pourraient servir de modèles à des acteurs consommés.

Il n'est donc point surprenant que ce soient leurs ancêtres les Campaniens qui aient inventé un genre de représentations qui a fait les délices de l'antiquité et fait encore les délices de Naples. Atella, ville située à égale distance de la mer et de Capoue, au milieu des champs les plus fertiles, avait la première imaginé une série de scènes comiques qui ne ressemblaient ni au drame satirique des Grecs, avec Pan, les silènes et les nymphes (figurés si souvent sur les vases grecs), ni à la comédie d'Aristophane ou de Ménandre ; c'étaient des scènes familières, populaires, d'une réalité saisissante. On mettait sur le théâtre des personnages véritables, copiés dans la rue, dans les champs, dans la maison. On les faisait vivre, parler avec vérité, seulement on tournait tout en ridicule. Ces pièces s'appelèrent *atellanes* et eurent un succès qui s'étendit jusqu'a Rome. Les Romains en firent même leur comédie nationale ; ils réservèrent à la jeunesse patricienne, en l'interdisant aux histrions de profession, le plaisir de jouer les *atellanes* en langue osque.

Dès le principe, les Campaniens se moquaient de la vie des champs, de la rusticité ou de la niaiserie des montagnards, des travers des petites villes de l'intérieur, du patois des autres races sabelliques. Les provinciaux étaient bafoués, mystifiés, comme aujourd'hui au théâtre de San Carlino l'habitant de Bisceglia ou de Tarente. Les altercations et les rixes populaires étaient, comme aujourd'hui, un teste de plaisanteries plus vives et l'occasion d'un jeu plus hardi. Peu à peu, l'on généralisa et l'on inventa des types qui se développèrent et devinrent consacrés. Ces types sont, non pas grotesques, mais bouffons. Le grotesque sur la scène, c'est le laid et la difformité matérielle ; le bouffon, c'est l'esprit faisant ressortir gaiement les infirmités morales. Quelques-uns des personnages adoptés par les anciens vivent encore sur le théâtre populaire : la tradition s'est maintenue parce qu'elle traduit des mœurs et des caractères qui se sont perpétués. Les auteurs citent quelques types, par exemple *Bucco*, balourd, demi-railleur, qui recevait les bourrades, excitait des lazzis qu'il rendait avec une niaiserie propre à mettre les rieurs de son côté ; *Casnar*, le Pappus des Latins, qui semble répondre au bonhomme Cassandre ; *Manducus*, sorte de Croquemitaine, gros mangeur (*mangia macaroni*), plein de forfanterie ; Maccus enfin, qui charme toujours les Napolitains après avoir absorbé les autres types, Maccus, l'immortel *Pulcinella*, non pas bossu, nasillard, en gros sabots, hideux, tel que nos enfants l'applaudissent de leurs petites mains joyeuses, mais Polichinelle avec l'ancien costume national, le bonnet de feutre gris semblable aux casques coniques trouvés dans les tombeaux, la tunique blanche et bouffante par-dessus la ceinture, le pantalon large. Il est tout vêtu de blanc, comme les soldats de cette fameuse armée que les Samnites avaient opposée aux Romains, et qui était couverte de vêtements de lin d'une éclatante blancheur[1]. On a ajouté un masque qui s'arrête à la moitié du visage, moins pour exciter le rire que pour concentrer l'attention sur l'art de dire et de mimer. La grimace n'était plus possible, elle était cachée sous ce petit voile noir, et l'attention était concentrée sur les lèvres. Il fallait dès lors que les spectateurs restassent suspendus à cette bouche, n'en laissant perdre ni un pli, ni une contraction, ni un mot.

L'atellane antique s'est ainsi perpétuée, et les sujets se ressemblent aussi bien que les mœurs et les personnages. Nous connaissons quelques titres d'atellanes transportées ou imitées à Rome, *Maccus soldat*, *Maccus gardien des scellés*, *Maccus gardien du temple* ; on dirait des titres imprimés sur les affiches aujourd'hui, *Polichinelle soldat*, *Polichinelle médecin*, *Polichinelle courtier d'amour*, etc. C'est le héros national, c'est la Campanie antique et moderne, c'est le génie osque personnifié, ce bon et enjoué Polichinelle, docile en apparence et entêté, plein de bonhomie et de malice, menteur et naïf, dupe et mystificateur, crédule et narquois -, mélange de niaiserie et de finesse spirituelle, de cynisme et de satire, de mots graveleux et d'allusions politiques, recevant des soufflets et les rendant toujours, paresseux, gourmand, voleur au besoin, mais si naturellement que cela paraît son droit, — aimable, égal d'humeur, optimiste, heureux, caressé, toujours aimé, toujours épousé, tiré de ses tribulations par la main de la Fortune ou récompensé par la Vénus pompéienne, — l'âme de la scène, l'unité et la fête de toute comédie, l'idole du public, qui se reconnaît en lui avec ses travers et ses goûts, avec ses vices et ses rêves.

Il faut donc constater, dans les petites choses comme dans les grandes, cette persistance de la race pour bien comprendre ce qu'étaient les habitants de

---

1 Les boucliers étaient en outre argentés, et la cuirasse était de feutre blanc (*spongia*).— Tite-Lire, livre IX, ch. 40.

l'antique Pompéi. Si l'on vous dit qu'ils étaient devenus Grecs, répondez non ; Romains, non ; ils étaient restés des Osques, mais des Osques de la plaine (*campus*), c'est-à-dire des Campaniens civilisés par toutes ces influences étrangères, amollis par le climat, attachés au commerce, au luxe, aux jouissances, devenus des épicuriens dans la pratique de la vie. Ils n'ont reçu de la Grèce que les reflets, des Étrusques 'que la corruption, des Romains que les formes administratives, l'enveloppe politique, l'étiquette. Ils n'ont pas eu pour l'idéal et la beauté cette passion qui animait les cités helléniques ; ils n'ont demandé à l'art que des applications à la vie matérielle et du bien-être. C'est à Naples, c'est dans le Midi, c'est dans les mœurs modernes qu'il faut chercher, par l'analogie et la comparaison, l'explication de ce qui nous embarrasse chez les anciens.

Si l'on mesurait la culture de l'esprit à l'abondance des manuscrits trouvés dans les maisons d'Herculanum et de Pompéi, on en conclurait que les habitants de la première ville étaient amis des lettres, ceux de la seconde fort illettrés, car on a trouvé à Herculanum mille sept cent cinquante-six manuscrits sur papyrus, pas un seul[1] à Pompéi, pas même une de ces boîtes revêtues de bronze (*scrinium*) où se renfermaient les rouleaux. Les Pompéiens cependant recevaient une éducation assez étendue. Ils écrivaient et parlaient l'osque, le latin et le grec, comme Ennius, qui disait qu'il avait trois cœurs parce qu'il savait trois langues. En effet, pour peu que l'on se baisse à Pompéi, on verra sur les murailles, tout près du sol, des alphabets tracés par les enfants à l'aide d'une pointe ; ces alphabets sont triples, en caractères osques, latins et grecs. Il est vrai que les Pompéiens, presque tous gens de négoce, pouvaient ne soumettre leurs enfants à cette éducation multiple que pour les besoins du commerce. Chez les modernes, ce sont également les nations ou les familles les plus commerçantes qui acquièrent le plus volontiers la connaissance de langues variées pour faciliter et multiplier leurs relations ; mais ce qui prouve que le fond osque dominait et que l'influence grecque n'avait jamais été bien puissante[2], c'est qu'on ne trouve à Pompéi ni une monnaie, ni un vase peint. Ces belles monnaies que la plus petite cita grecque faisait graver avec un soin scrupuleux par d'habiles artistes, n'ont jamais tenté les riches Pompéiens. Ces vases élégants où le pinceau traçait les compositions les plus poétiques ou les plus gracieuses, ils n'en ont ni acheté ni conservé un seul. Qui donc disait que les vases peints et les médailles étaient le signe caractéristique de toute cité qui avait appartenu à la race grecque ? Si c'était chose grecque que de graver des monnaies ou de peindre des vases, c'était chose romaine que de rédiger des inscriptions, pages officielles dignes de l'histoire, consignées sur le bronze et sur le marbre pour durer toujours. Les inscriptions monumentales[3] de Pompéi et d'Herculanum, qui devraient être sans nombre, lutteraient à peine avec les inscriptions d'un petit municipe romain de la Gaule ou d'une colonie militaire de l'Afrique.

En échange, on trouve à Pompéi deux théâtres, dont l'un était couvert, un amphithéâtre qui pouvait contenir les habitants de la ville et ceux des villes

---

[1] On a cru quelquefois reconnaître des débris de papyrus ou des empreintes de lettres noires sur la cendre de Pompéi, mais il y a loin des apparences à la réalité.

[2] Les Pompéiens, vers le VIIe ou le VIe siècle avant notre ère, semblent avoir appelé un architecte grec de Cumes ou de Posidiana (Pæstum) pour bâtir le temple dont on voit les ruines dans le forum triangulaire : à moins qu'un architecte pompéien n'eût été faire son éducation dans un centre grec.

[3] Il n'y a que 161 inscriptions au musée de Naples, provenant de Pompéi : elles sont publiées dans le catalogue si complet de M. Fiorelli. Il faut ajouter qu'un certain nombre sont insignifiantes : d'autres n'offrent que quelques lettres ou un nom.

voisines, une caserne de gladiateurs, un grand nombre de boutiques de boissons chaudes, que l'on peut regarder comme l'équivalent de nos cafés modernes, des maisons de prostitution, que leur plan et les peintures qui les décorent ne permettent point de méconnaître. Les inscriptions familières et les dessins grossiers tracés par la main des passants sur les murs, attestent fréquemment la passion du public pour les jeux sanglants et les troupes (*familiæ*) de gladiateurs campaniens ; en cela, on était bien devenu romain. En un mot, tout prouve que les Campaniens cherchaient dans les arts des jouissances, dans la littérature dramatique des émotions ou le rire, mais qu'après le commerce le plaisir était leur occupation principale. Les délices de Capoue faisaient proverbe dès le temps d'Annibal. Le goût des Campaniens pour les spectacles était tellement connu, que Néron venait faire à Naples ses débuts et chercher les applaudissements de spectateurs qu'il savait plus compétents que ceux de Rome. On ne doit, par conséquent, comparer une petite ville commerçante comme Pompéi, ni à Pise, ni à Gènes, ni à Venise, qui ont eu à la fois la puissance et le génie, l'amour de la gloire et l'amour des belles choses. Habitants d'une cité sans influence, esprits peu élevés, épicuriens pratiques, ils ont mis la sensation à la place du sentiment du beau et allié l'ordre et le lucre[1] à la recherche des jouissances matérielles. Les arts n'étaient à leurs yeux qu'un moyen d'augmenter ces jouissances. C'était du reste l'esprit du temps. Rome donnait de loin l'exemple, et la contagion du luxe impérial avait gagné en outre les Campaniens.

Le golfe de Naples, qui était déjà pour les Romains un séjour enchanté à la fin de la république, devint sous l'empire un sujet d'engouement et de folies. Ils y cherchaient moins la fraîcheur de la nier et la santé que la volupté et l'emploi de richesses sans bornes. Les césars avaient donné l'exemple. Auguste était venu plusieurs fois en Campanie pour se reposer, et il était mort à Nola ; Tibère était resté cinq ans à Caprée comme un modèle de débauches, et il était venu souvent sur la côte donner en spectacle sa frénésie ; Caligula avait illustré le golfe de Baïa ; Claude avait une villa près de Pompéi ; Néron traînait toute sa cour sur les théâtres de la Campanie, et c'est en Campanie qu'il commit ce parricide dont la tragédie grecque elle-même n'avait pu égaler l'horreur. Ainsi la corruption assaillait de toutes parts des provinciaux déjà énervés, en même temps que le luxe leur apportait sa science. C'est là que l'aristocratie romaine, les affranchis des césars, les parvenus et les favoris de toute sorte viennent multiplier leurs villas et leurs palais, jetant des digues, abattant les rochers, comblant les abîmes, bâtissant sur la mer. C'est là que le monde élégant de Rome se précipite l'été pour fuir la fièvre, pour prendre les bains de mer, pour boire les eaux sulfureuses qui s'échappent du sol près de Stabies (Castellamare) ou près de Cumes. Les folles dépenses et la magnificence des ameublements n'excluent ni la galanterie ni les plaisirs chantés par les poètes érotiques du temps. Les villes d'eaux et les établissements de bains de mer des modernes ne peuvent donner aucune idée de ces prodigalités et de ces débauches.

Les artistes suivaient le luxe. Une 'nuée d'architectes, de peintres, de praticiens, de décorateurs, était appelée pour satisfaire les fantaisies sans limites des Romains qui se rendaient en Campanie. Ils restaient l'hiver pour préparer les demeures dont on devait jouir l'été. C'était comme une armée permanente qui propageait le goût des arts, les modèles, et faisait école. Les habitants du pays ont dû céder à la tentation d'imiter ce qui frappait sans cesse leurs yeux ; ils ont

---

1 *Salve, Lucru*, salut, Gain, telle était l'inscription éloquente qu'un Pompéien avait fait incruster en mosaïque sur le seuil de sa maison.

employé à leur tour, sinon les meilleurs artistes, qui se faisaient payer trop cher, du moins des artistes indigènes qui s'efforçaient de les copier.

J'avais donc raison de dire au début que telle était la beauté du golfe de Naples dans l'antiquité, qu'on ne peut se la figurer aujourd'hui, et que tout y est altéré, la nature par les révolutions physiques, l'œuvre des hommes par le temps et la ruine. Si notre imagination est capable d'un tel effort, figurons-nous ce beau golfe tel qu'il devait être dans l'antiquité, vingt ans avant l'éruption du Vésuve. Depuis le cap Misène et les replis du rivage de Baïa jusqu'aux falaises escarpées de Sorrente et le temple de Minerve, s'étendent sur un développement immense les rochers dorés par le soleil, les plages sablonneuses, la végétation la plus magnifique, des constructions qui se prolongent pendant dix lieues, et auxquelles on ne peut mieux faire que de comparer les rives du Bosphore. Partons de Cumes, de Baïa, de Pouzzoles : c'est là que se sont concentrés les efforts des empereurs, les arsenaux et les palais des préfets de la flotte, les nombreux établissements d'Agrippa et d'Auguste, les folies de Caligula ou de Néron, les constructions gigantesques des particuliers qui ont dompté la nature, comblé les marais, percé les montagnes, étonné les contemporains par leur audace et leurs caprices. Après Misène, Pausilippe et ses jardins enchantés ; après Pausilippe, Naples, que les anciens surnomment Naples la riche, Naples l'oisive, et dont la volupté savante a laissé bien loin derrière elle les délices de Capoue. Après Naples commence une avenue de palais et de villas qui semblent se baigner dans la mer ou montent peu à peu sur les collines qui supporteront plus tard Portici. Tout est luxe, couleur, et comme une série non interrompue de magnificences. On atteint ainsi Herculanum sans se croire sorti de Naples ; mais on trouve à Herculanum le repos, l'air plus vif de la mer, la vue sur l'ouverture du golfe, un souvenir pus présent de la Grèce et des lettres grecques, qui semblent s'y être réfugiées. Après Herculanum, Rétina, petit port animé par les cris joyeux des matelots, lieu de commerce, d'activité, dont le port moderne de Résina, protégé par sa jetée qui brise la houle du large, ne donnera qu'une faible idée. Bientôt, en tournant le pied du Vésuve, se présentent Oplonte, les salines d'Hercule, les marais de Pompéi, terrains bas, où il est facile d'introduire et de laisser évaporer l'eau de mer. Des monceaux de sel blanc s'élèvent à cette place que couvriront un jour des cendres et d'affreuses scories.

Pompéi arrête ensuite le regard. Placée sur un promontoire formé d'une ancienne coulée de laves, elle domine la plaine et l'embouchure du Sarnus, rivière assez large pour que des navires puissent la remonter. Entourée de murs de bel appareil, Lut une partie seulement a été démolie pour l'unir à la colonie renouvelée par Auguste, elle est plus près du rivage, qui s'avancera sur la mer de près d'un kilomètre lorsque les cendres vomies par le Vésuve auront produit des atterrissements immenses et réduit cette partie du golfe. Un aqueduc amène les sources de la montagne ; le Sarnus est couvert de barques et de navires dont les mâts se mêlent aux arbres plantés sur ses rives ; les entrepôts, les magasins se cachent derrière le promontoire, tandis que la pente qui regarde Naples, habitée par les colons venus de Rome, est cultivée, verdoyante, couverte de maisons et de villas soigneusement bâties.

Ceux qui ont visité la maison d'Adonis ont dû remarquer, en face de la grande composition qui retrace sa mort, une peinture, également de grande proportion, qui représente un port de mer. Ce doit être le port de Pompéi, aujourd'hui comblé par les cendres et effacé du sol. On voit une jetée, bâtie par la main des hommes, qui s'avance dans la mer exactement comme les jetées de Portici ou de Torre-del-Greco ; elle répond aux mêmes besoins et protège les petits navires contre les mêmes dangers. Au bout de la jetée est une tour en ruines, sans doute la tour d'un phare ; mais comme les anciens n'avaient pas l'idée, ainsi que nous, de fabriquer des ruines pour ajouter au pittoresque, et comme ce tableau a été fait après un tremblement de terre, il est probable que la tour, à demi ruinée pendant cette catastrophe, n'avait pas encore été réparée. Le peintre n'a oublié ni les édifices qui bordent la mer, ni un temple, ni les Pompéiens goûtant le plaisir de la pêche, ni les bâtiments à l'ancre, ni ceux qui sortent du port voiles déployées.

Au delà de Pompéi, le golfe se creuse par un repli plus profond où les cendres rejetées par les flots, ainsi que des terres d'alluvion, se sont substituées aux eaux, après l'éruption, en formant une surface aussi égale qu'une plaine liquide. Au delà de ce repli, assez profond pour former un port où stationne une partie de la flotte romaine, on joint Stabies, sur la pente du mont Lactarius, Stabies, qui est moins une ville qu'une réunion de villas, riche en sources minérales, attrait pour les malades, prétexte pour les élégants et les oisifs. Enfin la route qui conduit à Sorrente et toute cette admirable côte, est trop connue des modernes pour avoir besoin d'être décrite ; on peut dire que c'est la seule partie du golfe de Naples qui n'ait point été bouleversée par la fureur des éléments.

Le tableau serait incomplet, si notre imagination n'ajoutait aux chefs-d'œuvre de l'art grec et du luxe romain qui couvrent un site privilégié, la magnificence d'une nature qui n'a encore rien perdu de sa richesse. Cette terre, jadis volcanique, après vingt siècles de repos est devenue d'une fertilité extraordinaire. Tout est couvert de végétation jusqu'à la limite des flots ; partout s'élèvent, au milieu des fleurs, l'olivier cher à Miverve, l'oranger qu'Hercule rapporté du pays des Hespérides, le dattier avec sa couronne balancée var les vents. Les pins se penchent sur la mer, dont l'azur paraît plus vif à travers leurs troncs rouges et leur feuillage dur et foncé. Les roses, mêlées aux vignes et aux lianes, n'ont pas encore été exilées à Pæstum.

Les eaux du golfe sont elles-mêmes plus belles ; non seulement le contour général du rivage est plus harmonieux parce qu'il est plus découpé et plus vaste, non seulement il affecte la forme d'un vase-cratère dont les Grecs lui ont donné le nom, mais il n'est pas déformé par ces coulées de lave qui doivent ensevelir les jardins et empâter les rochers. Les promontoires montrent leur calcaire coloré par le soleil, les plages leur sable blond et mêlé de coquillages ; on ne voit point cette cendre noire qui donne au flot qui l'emporte et la rejette un air de deuil ; partout un fond clair, l'eau profonde, et ces poissons dont parle Pline, qui se jouent auprès de l'écueil qu'on appelle la *pierre d'Hercule* et qui s'approchent au premier bruit. Il ne faut oublier ni les barques des pêcheurs, ni les navires tirés sur la plage, ni les voiles couleur de safran, ni les mâts plus altiers des flottes romaines. Ici des bâtiments sur le chantier envahissent la route, comme les modernes le verront sur la rivière de Gènes ; là, sous d'élégants abris, dorment les gondoles peintes et dorées des patriciens de Rome ; partout des temples aux couleurs éclatantes, des colonnes, des statues, des villas perdues dans la verdure. Du côté de la terre, le Vésuve, non pas fumant et plein de menaces, mais cultivé et riant jusqu'au sommet, couvert de vignes, couronné de rochers dentelés qui ressemblent aux créneaux d'une forteresse, et qui ont abrité les soldats de Spartacus. Du côté de la mer, les îles Pithécuse (*Ischia*) et Prochyta (*Procida*) montrent à l'horizon leurs masses bleuâtres, tandis que les lignes architecturales et les arêtes si pures de Caprée luttent avec la Grèce ; on dirait une île des Cyclades détachée de la couronne de Délos.

Ce n'est pas sans raison que les poètes ont placé les sirènes dans ces parages, car tout est charme, séduction, fraîcheur. La nature, modelée par le divin sculpteur, pleine de lumière et de couleurs, encadrée par une mer qui n'a pas abandonné ses limites, garde ses formes primitives, son luxe, une beauté plastique qui sera bientôt altérée par une catastrophe épouvantable.

II. — LE VÉSUVE PRIMITIF.

Parmi les sciences qui ont la nature pour objet, une des plus poétiques est certainement la géologie. C'est elle qui ouvre à l'imagination le champ le plus vaste quand il s'agit de la création du globe ou des transformations de la surface terrestre. Les voyageurs qui ont navigué jusqu'en Sicile et jusqu'en Grèce ne peuvent manquer d'être frappés de l'hypothèse émise par les géologues sur l'origine de la mer Méditerranée. Ils supposent qu'à une époque relativement rapprochée de nous il s'est produit une dépression générale de cette partie de la terre ; ce qui était montagne est devenu île, tandis que par un mouvement simultané le plateau intérieur de l'Afrique s'exhaussait, déversait ses eaux dans le nouveau bassin et faisait surgir le Sahara : après avoir été fond de mer, le Sahara devenait désert. Les sables attestent une révolution dont l'Atlantide de Platon et les Colonnes d'Hercule semblent, chez les Grecs, un lointain souvenir.

Ce qui paraît constant, c'est que, ou par suite de l'affaissement ou par sa constitution primitive, le fond de la Méditerranée est le point le plus faible de cette partie du globe ; c'est là que la croûte terrestre présente son minimum d'épaisseur, c'est-à-dire de résistance contre la pression du feu, des vapeurs et des gaz qui cherchent à s'échapper violemment de l'intérieur. C'est pourquoi l'on observe une ligne de volcans ou de phénomènes volcaniques qui part de la Syrie et de la mer Morte, passe par l'archipel grec et la presqu'île de Méthana, se relie au Vésuve et à l'Etna en se ramifiant vers le nord jusqu'aux volcans éteints de la Toscane et peut-être de l'Auvergne. Sur le grand axe qui traverse la Méditerranée de l'est à l'ouest, se produisent les tremblements de terre qui dans tous les temps ont secoué les villes, celles de l'Asie Mineure sous Tibère, celles de la Campanie sous Néron, Lisbonne au siècle dernier, Corinthe et Thèbes il y a peu d'années, Leucade il y a peu de mois.

J'ai nommé les volcans éteints de la Toscane, qui avaient hissé dans l'antiquité des traces assez sensibles pour éveiller l'esprit des peuples étrusques. Les Grecs montraient aussi le cratère éteint de la presqu'île de Méthana, reconnu récemment avec sa forme vraiment classique par M. Fouqué. Les Romains voyaient au-dessus de leurs têtes le mont Albain (*Monte-Cavo*), qui avait vomi jadis d'immenses quantités de scories et de laves, et dont les deux cratères, remplis par les eaux des pluies et des sources, se sont aujourd'hui transformés en lacs aux frais ombrages (*Albano* et *Némi*). Le Vésuve était moins célèbre chez les anciens, tant ses premières éruptions avaient laissé peu de traces, ou pour mieux dire, tant elles avaient été absolument oubliées. A peine quelques savants osaient-ils dire que c'était un volcan éteint, et leur opinion faisait sourire leurs voisins, qui ne voyaient que la beauté du site et la fécondité du sol.

Le Vésuve, en effet, avait été en activité dans les temps les plus reculés, peut-être au commencement de l'époque quaternaire, car certaines villes de la côte, Pompéi notamment, sont bâties sur un sol de formation volcanique très ancienne ; le petit promontoire sur lequel s'élevait Pompéi est une coulée de laves trachytiques poussée jusqu'à la mer.

Au premier siècle de l'ère chrétienne, les flancs du Vésuve étaient cultivés jusqu'au sommet ; aucune tradition ne laissait croire aux habitants du pays qu'il en eût jamais été autrement. L'expérience des éruptions récentes nous apprend, du reste, avec quelle rapidité se résolvent et deviennent fertiles ces cendres qui contiennent les substances chimiques les plus favorables à la culture, c'est-à-dire des oxydes alcalins. Le sommet de la montagne, au contraire, était un plateau aride, parsemé dans tous les sens de cavités profondes, dit le géographe Strabon ; on y voyait des pierres noircies, des traces de feu. Une ceinture de rochers formant un demi-cercle couronnait comme aujourd'hui la montagne de la Somma et marquait l'ancien cratère, dont l'autre demi-cercle s'était affaissé. Ces rochers, formés d'une sorte de porphyre avec de l'amphigène, étaient découpés, dentelés, et ressemblaient çà et là aux créné-aux d'une forteresse. Les anciens conduits par lesquels la lave et les cendres s'étaient frayé une issue, avaient creusé les parties plus tendres et formé des cheminées qui se ramifiaient comme les traces perpendiculaires et couvertes de suie que laissent les maisons en démolition sur les maisons voisines. Une brèche plus profonde, qui doit correspondre à ce que les Napolitains appellent *Canale della Reina*, avait été escaladée par Spartacus lorsque, bloqué sur le plateau du Vésuve par C. Claudius, lieutenant du préteur, il avait fait tresser des échelles avec des sarments de vignes, et, franchissant un retranchement qu'on jugeait inaccessible, était tombé sur le camp des Romains endormis.

Ce que les modernes doivent s'efforcer surtout de se figurer, c'est que dans l'antiquité le sommet du Vésuve, au lieu d'être un cône, était un plateau. Le demi-cercle de rochers que nous venons de décrire déterminait la moitié du cratère, adossé à la terre ferme et aux. Apennins. L'autre moitié s'était affaissée, avait comblé l'intérieur du cratère, et, en obstruant tous les conduits, avait préparé de terribles matériaux pour les éruptions futures. On reconnaît très bien cet affaissement et l'orifice primitif du volcan, beaucoup plus vaste que ne l'est celui d'aujourd'hui. C'est ainsi que le Papandayang, dans l'île de Java, s'est effondré dans la nuit du 11 août 1772. Après avoir englouti quarante villages sous les matières qu'elle arrachait de son sein, la montagne s'abaissa subitement de 3.000 mètres à 1.700 mètres. Le Vésuve ne s'est effondré que d'un côté, vers la mer ; c'est pourquoi, au lieu d'un cercle parfait, on ne voit plus qu'un demi-cercle lorsqu'on s'élève assez haut pour embrasser du regard l'ensemble de la Somma et reconstituer ses lignes générales.

Le cône du Vésuve n'existait pas alors. Il s'est formé par l'effet des éruptions successives, car il y en a eu un grand nombre dans les temps modernes : l'histoire en a enregistré plus de quarante-cinq ; malheureusement elles n'ont été l'objet d'aucune observation : ni le moyen âge ni la renaissance n'en ont fait profiter la science. A partir de l'an 79 de notre ère, lorsque le Vésuve eut fait sa grande explosion, les cendres, les pierres lancées en l'air et retombant perpendiculairement, les laves qui se refroidirent auprès de l'orifice, formèrent peu à peu autour du centre d'éruption une sorte de muraille circulaire qui fit talus en dehors, et alla se rétrécissant à mesure qu'elle s'élevait. Chaque siècle vit grandir ce monceau de scories, qui finit par atteindre une hauteur de 400 mètres. Le cône a ses racines au milieu de l'ancien plateau de la Somma, c'est-à-dire du cratère primitif. Il est exactement concentrique à ce cratère, de même que le pic de Ténériffe, qui est un cône de formation semblable, s'est élevé au centre du cratère qui l'a produit, de même qu'à Santorin (l'ancienne Théra) la lave qui s'échappait du fond d'un cratère effondré s'est exhaussée peu à peu en se refroidissant au fond de la mer, et a fini par émerger sous forme d'îlots. La rade de Santorin n'est autre chose que l'intérieur d'un volcan qui s'est affaissé et a été rempli par les flots. Les falaises de l'île ne sont que cendres et que scories. Il y a peu d'années, on voyait encore, à travers la transparence de l'eau, les pics sous-marins qui s'exhaussaient chaque année par le refroidissement des déjections volcaniques. On sait comment en 1867 les coulées de lave ont atteint la surface, et quels développements subits ont pris les phénomènes éruptifs. Devant des faits aussi cul. rieux, celui qui donne carrière à son imagination arrive à prévoir un temps où le volcan comblera de nouveau ce qui est un abîme aujourd'hui, reformera la montagne qui s'est écroulée, et refoulera la mer qui a pris sa place. La naissance du cône du Vésuve n'a donc rien qui puisse surprendre, surtout lorsqu'elle est expliquée par des exemples contemporains et par des accidents semblables arrivés sous nos yeux.

Je disais que ce cône, à mesure qu'il s'est élevé, a restreint l'orifice du volcan. Aujourd'hui en effet le périmètre du cratère est à peine de 600 mètres. Au xvii siècle, il avait près de 7 kilomètres de tour. Du moins c'est ce que nous apprend le récit de l'abbé Braccini, qui visita et décrivit le volcan peu de temps avant la grande éruption de 1631. Maintenant, au contraire, ceux qui descendent dans le cratère, quand la fumée et les émanations sulfureuses le permettent, ne vont guère plus bas que 40 ou 50 mètres, et se trouvent bientôt arrêtés avant d'atteindre le fond de l'entonnoir.

En 1631, le Vésuve était resté tranquille pendant près d'un siècle et demi depuis l'an 1500. Non seulement les cendres et les scories s'étaient refroidies, mais la nature avait repris quelques-uns de ses droits, si l'on en croit l'abbé Braccini, qui fit alors cette exploration[1]. Il paraît qu'il visita le sommet du cratère, qui semblait complètement éteint, et qui avait 5.000 pas de circonférence sur les flancs. Des broussailles assez épaisses, des halliers avaient poussé çà et là, et servaient de refuge à des sangliers que venaient relancer les chasseurs des environs. Au milieu de la plaine, dans l'intérieur, paissait du bétail. Là s'offrait un passage tortueux par lequel on pouvait descendre au milieu des rochers et des pierres pendant un mille environ ; on arrivait alors à une autre plaine plus spacieuse, couverte. de cendres, où trois petits étangs étaient disposés en triangle : celui de l'est contenait de l'eau chaude, corrosive et amère, un autre, à l'ouest, de l'eau plus salée que celle de la mer, le troisième de l'eau chaude sans goût particulier.

Il est difficile d'ajouter une foi absolue aux descriptions de l'abbé Braccini. N'était-ce pas lui qui prétendait, quelques mois plus tard, avoir mesuré au quart de cercle la hauteur des pierres enflammées que la montagne lançait pendant l'éruption, et qui donnait je ne sais quel chiffre fantastique qui fait sourire ? Sa relation du moins nous fait sentir combien l'aspect et l'état du Vésuve étaient différents de ce qu'ils sont aujourd'hui. Si le Vésuve, après cent trente et un ans de repos, avait déjà cette fécondité, que devait-ce être dans l'antiquité, après tant de siècles pendant lesquels il avait paru absolument éteint !

Il est vrai qu'une question se présente. Pendant cette période de sommeil, que devenait le feu terrestre qui n'avait point d'issue ? Que devenaient les vapeurs et les gaz qui se développaient dans le foyer souterrain ? Les lois générales qui président même à ce qu'on peut appeler des phénomènes d'exception n'avaient-elles pas leur application ? Il faut remarquer d'abord qu'à cette époque l'Etna avait plus de puissance et plus d'activité qu'aujourd'hui. Or l'Etna et le Vésuve paraissent en corrélation, réunis par des conduits souterrains dont Stromboli est l'indice et pour ainsi dire la soupape de sûreté. Mais, sans aller si loin du golfe de Naples, à l'extrémité, sur le territoire où Cumes avait été fondée par les Grecs, se manifestaient des phénomènes volcaniques beaucoup plus graves que ceux qui subsistent de nos jours, je veux parler de ces *Champs Phlégréens* (champs brûlés) dont les anciens avaient fait l'image ou plutôt l'accès des enfers. Ces lieux, chantés par Virgile et par les poètes latins, avaient frappé trop vivement l'esprit des Grecs avant de les frapper eux-mêmes pour ne pas avoir une importance plus considérable que celle qu'ils ont aujourd'hui. La terreur qu'ils ont

---

[1] *Campi Phlegrœi*, page 62.

inspirée et les fables dont on les a entourés prouvent que les accidents avaient plus de violence. Ainsi le Styx, dont personne ne pouvait boire l'eau, devait dégager une quantité d'acide carbonique ; l'Achéron, sur les bords duquel erraient les ombres des morts, devait être beaucoup plus désolé que ne l'est le lac Fusaro ; le lac Averne tuait les animaux par ses émanations d'hydrogène sulfuré, de même que le lac Agnano les écarte encore.

Les voyageurs considèrent comme un jeu leur promenade aux enfers de Virgile ; ils rient de la solfatare, des étuves de Néron, de l'antre de la sibylle et surtout de la grotte du Chien. Ne soyons pas injustes envers les anciens. Il est sûr que les phénomènes avaient plus de gravité et plus de force à une époque où le Vésuve était inactif et n'offrait aucune issue aux feux souterrains. Cette corrélation entre des lieux si voisins est évidente : l'alternative même des manifestations géologiques sur un point et sur l'autre en est la preuve. Je disais plus haut que de l'an 1500 à l'an 1631 le Vésuve n'avait point eu d'éruption. Qu'est-il arrivé pendant cette période dans les Champs Phlégréens ? Dès l'an 1538, op y vit tout à coup surgir une montagne formée de laves, de pierres et de cendres ; l'éruption fut si violente que des villages furent engloutis, des personnes tuées, le lac Lucrin comblé en partie, Pouzzoles et Naples remplies de cendres, et au bout de deux jours la montagne avait 134 mètres de hauteur ; elle existe encore, c'est le Monte-Nuovo. Au contraire, lorsque le Vésuve reprit son action à peu près régulière, les Champs Phlégréens rentrèrent dans l'état où on les voit maintenant.

Une autre question se présente à l'esprit. A quelle époque peut avoir eu lieu la grande éruption du Vésuve qui a précédé l'histoire et après laquelle le volcan s'est reposé jusqu'au premier siècle de l'ère chrétienne ? Les traditions manquent : aucun fait n'était resté gravé clans la mémoire des hommes. Les géologues d'alors étaient singulièrement ignorants, aussi bien Empédocle, qui se jetait dans le cratère de l'Etna pour mieux l'observer, que Pline l'Ancien, qui allait mourir au pied du Vésuve, faute de savoir que le gaz acide carbonique est plus pesant que l'air. La légende des Titans, fils de la Terre, vomissant des feux et lançant des pierres contre le ciel, les dieux répondant par la foudre, Encelade enseveli sous l'Etna, Typhée jetant des flammes Par cent bouches, n'attestent que le souvenir idéalisé des accidents dont la Grèce avait été témoin : rien ne concerne le Vésuve.

L'archéologie fournit seule quelques points de comparaison ou du moins de lointaines analogies. Je ne parle pas des villes de la mer Morte, Sodome, Gomorrhe, etc., parce que la science n'a pu encore s'assurer si elles ont été englouties dans un cataclysme volcanique, ou si elles ont été détruites par des couches de naphte abondantes dans le pays et subitement embrasées. Quand la relation du voyage du duc de Luynes aura été publiée, nous saurons peut-être quelles conclusions l'examen des lieux a suggérées à ce courageux explorateur, qui unissait tant de méthode à tant de mérite et qui a doté son pays d'une collection vraiment princière. On citera avec moins d'hésitation les découvertes faites sur le Monte-Cavo au mois de février 1817, sur le territoire de Marino et dans le voisinage des ruines d'Albe-la-Longue, ainsi nommée parce qu'elle s'étendait sur le bord du lac. On a trouvé, sous un banc de péperin qu'on exploitait et qui avait environ 6O centimètres d'épaisseur, des tombeaux qui paraissaient appartenir aux temps les plus reculés. Il n'est pas inutile de rappeler quelle est la formation de cette pierre, dite péperin, qui est toute volcanique. C'est un tuf composé de cendres et de petites pierres calcinées qui, après avoir été rejetées par Le volcan, ont été entraînées et amalgamées par les torrents de pluie qui accompagnent toute éruption très violente. Le Monte-Cavo, au temps de son activité, a vomi un jour une immense quantité de vapeur d'eau. Cette vapeur, condensée aussitôt par le refroidissement, est retombée autour du cratère sous forme de pluie torrentielle, entraînant cendres et pierres carbonisées, les précipitant dans les parties creuses de la montagne, formant des dépôts qui se sont peu à peu solidifiés, et ont pris la dureté de la pierre. Les petits charbons semés dans ces tufs gris ont paru aux Italiens des grains de poivre, d'où le nom de *peperino*. Le péperin a servi à bâtir Rome sous la république ; le travertin, qui est formé au contraire par le sédiment des eaux sulfureuses de Tivoli, ne l'a remplacé que plus tard.

Or sous ce banc de péperin, contemporain des dernières éruptions du Monte-Cavo, antérieur par conséquent aux époques historiques qui n'ont connu le volcan qu'absolument éteint, on a vu reparaître des tombeaux et des restes de constructions qui n'ont été ni explorées avec discernement, ni décrites avec exactitude, car c'étaient des gens du pays qui faisaient ces fouilles par simple spéculation. Dans les tombeaux, on a recueilli des vases de terre noire d'une fabrication assez grossière, qui se rapprochent des poteries primitives de l'Italie. Ce qui frappa le plus, ce fut une urne en forme de cabane ronde avec son toit, ses ais, sa porte, qui s'ouvrait pour recevoir des ossements. Le dessin de cette cabane a été publié par le duc de Blacas, qui reconnaissait avec raison l'image des chaumières des premiers habitants du Latium : ils voulaient que leur dernière demeure ressemblât à celle où ils avaient passé leur vie, idée touchante et non sans poésie.

D'autre pari, des fibules en bronze découvertes avec ces vases ne permettent pas aux suppositions de remonter jusqu'à l'âge de pierre, et, comme la dernière éruption du Monte-Cavo ne peut être assez moderne pour être rapportée à l'âge de bronze, on est tenté de croire que ces tombeaux ont été creusés sous un banc de péperin par les habitants d'Albe-la-Longue. Cette conclusion rencontre aussi quelques difficultés. Des fouilles dans cet endroit et des investigations méthodiques sont donc indispensables pour trancher la question et nous autoriser à croire qu'un cimetière et, par conséquent, des habitations, ont été ensevelis sous les déjections du volcan avant que l'humanité sût fixer ses souvenirs et faire son histoire.

Le troisième fait a une importance décisive, parce qu'il a été scientifiquement con staté. Des hommes de l'âge de pierre ont été ensevelis par un volcan, et vingt siècles peut-être avant Pompéi, une petite ville de l'archipel grec avait le même sort. L'île de Théra (Santorin) et l'île de Thérasia, qui en faisait jadis partie, sont de formation volcanique ; tout y est cendre ou scories, la vigne seule pousse sur le sol, qui produit un vin renommé en Orient ; il n'existe ni un ruisseau ni une source : les navires rapportent pleines d'eau les outres de cuir qu'ils ont emportées pleines de vin. Lorsque la compagnie de l'isthme de Suez fit construire Port-Saïd ; elle eut besoin de mortiers excellents et envoya chercher dans l'île de Thérasia la pouzzolane nécessaire pour construire le port, les quais, les fondations d'une ville bâtie sur la mer. Pendant plusieurs années, des bâtiments partis d'Égypte vinrent recevoir cette cendre précieuse qu'on précipitait du haut des falaises ; les ouvriers enlevaient des couches considérables, mais ils s'arrêtaient toujours à une certaine profondeur, devant des pierres, des blocs de lave et divers débris qui embarrassaient leur travail.

Eu 1867, l'éruption du volcan rajeuni de Santorin attira tout à coup l'attention de l'Europe. Des savants furent envoyés pour observer les phénomènes ; de Paris, on envoya M. souqué, disciple et ami de M. Sainte-Claire Deville ; d'Athènes, M. Christomannos, professeur de chimie à l'université. Arrivé le premier, M. Christo-mannes remarqua que les blocs de lave qui arrêtaient les ouvriers étaient disposés dans un certain ordre, et formaient des plans réguliers. Il fit fouiller et trouva des constructions faites de main d'homme. M. Fouqué, qui arriva plus tard, fit faire des fouilles de son côté[1]. Toutes ces recherches aboutirent au même résultat ; on rencontra des maisons avec des portes, des fenêtres, des murs de séparation. Ces maisons étaient construites en blocs de lave non taillés, ajustés les uns sur les autres, comme les Pélasges ajustaient les blocs de rochers, avec cette différence seulement qu'ils étaient liés avec de la terre végétale, mouillée et pétrie comme un véritable mortier. L'intérieur des maisons et la toiture étaient munis de ce pisé pour écarter l'intempérie des saisons. On reconnut des restes de troncs d'olivier sauvage garnis de leur écorce, quoique consumés par le temps et tombant en poudre : c'étaient les supports dé la toiture. Au milieu de certaines chambres, une pierre arrondie servait de base à la poutre qui faisait le centre sur lequel venaient converger les poutres de la toiture circulaire. Enfin, dans une des habitations, un squelette d'homme affaissé sur lui-même attestait la chute du toit qui l'avait écrasé ; les os étaient mêlés les uns avec les autres ; le crâne, seul reconnaissable, prêtera peut-être à quelques observations nouvelles et intéressantes pour la science ethnologique.

Nous ne ferons que citer les vases en terre cuite, faits au tour (quelques-uns contenant de l'orge), une meule pour broyer le grain, trois poids en lave dont la corrélation est manifeste, car ils pèsent 250,750 et 3,000 grammes, des os de mouton, et enfin une pointe de lance en silex de 8 centimètres de long, une scie en silex (5 centimètres) d'une grande finesse, divers instruments en silex ou en pierre obsidienne.

Voilà donc une ville primitive ensevelie tout à coup, en pleine activité, et sans pouvoir se prémunir contre le danger. Les hommes qui l'avaient bâtie avaient déjà des relations commerciales avec des navigateurs qui les visitaient, ainsi que l'attestent des matières que l'île de Théra n'a jamais dû produire, notamment deux anneaux d'or que les marchands phéniciens sans doute avaient échangés avec les denrées que produisait l'île. Le cataclysme volcanique peut être reporté entre l'an 1500 avant Jésus-Christ et l'an 2000. Qui nous dit qu'à cette époque le golfe de Naples n'a pas été le théâtre d'un semblable désastre ? Certes cet admirable pays a attiré les hommes aussitôt qu'ils ont fait leur apparition en Italie. Dès l'âge de pierre, ils ont dû se fixer sur ses bords fertiles et sous un climat enchanteur qui leur épargnait les intempéries et les souffrances. Il n'y a rien de téméraire à affirmer que le pied du Vésuve était habité lorsqu'eut lieu la grande éruption qui a fait effondrer le cratère de la Somma. Dès lors, ce qui s'est passé dans l'île de Théra et de Thérasia a pu arriver également, à quelques siècles près en Italie. Des cités primitives, visitées déjà par les Phéniciens, ont pu être ensevelies sous les cendres et sous les laves.

Il est permis d'aller plus loin et de se demander si Pompéi même et Herculanum ne s'élevaient pas jadis sur ces cités condamnées aussitôt à l'oubli. Sous le promontoire de lave trachytique qui supporte l'antique Pompéi, ou sous les fondations volcaniques d'Herculanum, il n'est pas impossible qu'on retrouve un jour ce qu'on a retrouvé

Santorin. Pour moi je souhaiterais que des puits larges et profonds fussent pratiqués sur divers points de Pompéi : dans la partie da forum qui est sans dalles, hors des murs de la ville, au milieu de l'amphithéâtre, en un mot partout où le sol est libre. Ces puits, après avoir traversé les scories et les déjections les

---

1 Voyez le rapport de M. Fouqué dans les *Archives des Missions scientifiques*, t. IV de la nouvelle série, p. 223. Voyez aussi, dans la *Revue des Deux-Mondes*, l'étude intitulée *Une Pompéi antéhistorique*, 15 octobre 1869.

plus anciennes du volcan, atteindraient promptement le sol recouvert par l'éruption antéhistorique. Qui sait quelles découvertes attendent les explorateurs assez convaincus pour tenter cette facile aventure ? Qui sait si l'on ne verra pas apparaître, sous la ville romaine dont les voyageurs admirent la conservation miraculeuse, les traces d'une autre ville antérieure de deux mille ans ?

Une telle supposition devient moins invraisemblable, si l'on considère d'une part que les villes se succèdent à la même place parce que les hommes y trouvent la satisfaction des mêmes besoins, d'autre part que les phénomènes volcaniques frappent les mêmes lieux, parce que ce sont les points les plus faibles du sol et comme des brèches toujours accessibles. On pourrait comparer un volcan à l'éclat que produit une petite pierre lancée contre une vitre. On observe d'abord un trou, puis un rayonnement en forme d'étoile, c'est-à-dire des fentes divergentes qui partent d'un centre commun. De même le cratère n'est que l'orifice de la blessure faite à l'écorce terrestre. Outre le cratère, il y a des fissures diamétrales qui rayonnent dans divers sens et passent par l'axe du cratère. Chaque tremblement de terre rouvre ses fissures, qui sont de plus en plus faciles à rouvrir ; chaque éruption pousse vers ces soupiraux tout préparés les laves incandescentes et surtout les gaz qu'elles dégagent. II est évident que les villes bâties sur ces fissures inconnues, parce qu'elles sont dans les profondeurs du sol, doivent être sujettes au retour des mêmes accidents. Pompéi, Herculanum, Oplonte, étaient évidemment dans ce cas : de là leurs malheurs répétés. Les huit grandes éruptions de 203, de 471, de 512, de 685, de 983, de 993, de 1130, de 1049, ont toujours menacé ou ruiné les villages qui s'élevaient à la place des cités antiques ; cela s'est renouvelé dans les temps modernes. Torre-del-Greco, qui parait occuper la place d'Oplonte, a été détruite onze fois par des coulées de lave et rebâtie onze fois. En 1794 notamment, Torre-del-Greco a été engloutie sous un courant de lave qui, eu six heures, a atteint la mer, et qui s'étendait sur une largeur de près de 1,000 pieds. Aujourd'hui même, à Pompéi, le temple d'Isis et ses environs, l'intérieur des égouts qu'on n'ose fouiller, sont parfois empestés par des exhalaisons de gaz acide carbonique qui prouvent que les fissures s'entrouvrent ou sont prêtes à s'entrouvrir à chaque mouvement du Vésuve ou du sol, Dans le journal des fouilles, rédigé par les surveillants, on voit qu'à diverses époques les travaux ont été arrêtés par des émanations méphitiques (*mofeta*), et qu'on n'aurait pu les continuer sans exposer les ouvriers à être asphyxiés. Ces témoignages sont autant de preuves de la persistance des fissures, c'est-à-dire des parties faibles, qui subissent, dans la profondeur de la terre, les premiers assauts du feu terrestre.

Une preuve plus décisive encore, c'est le tremblement de terre qui a renversé Pompéi le 5 février de l'an 63. Ce tremblement de terre, prélude de catastrophes plus terribles, n'avait fait que secouer les autres villes de la Campanie ; Naples même, qui avait vu tomber plusieurs maisons, avait conservé tous ses édifices solidement bâtis. Au contraire, les villes placées sur les fissures normales qui partaient du centre du Vésuve reçurent toute la violence du choc. Herculanum fut à demi détruite, Pompéi entièrement renversée, selon les historiens ; des statues furent fendues sur leurs piédestaux ; les troupeaux, affolés par la terreur, s'étouffèrent en se pressant les uns contre les buires ; les habitants coururent éperdus dans la campagne, et plusieurs restèrent fous. L'émotion fut telle, même à Rome, que le sénat délibéra pour savoir s'il permettrait aux Pompéiens de revenir sur un sol aussi dangereux et de reconstruire leurs maisons. On le permit ; plus d'un riche Pompéien s'était déjà défait à bas prix de sa propriété, et avait emporté ses meubles et ses objets les plus précieux, fuyant à jamais un pays frappé par la colère des dieux ; c'est pourquoi, dans certains quartiers de Pompéi, nous trouvons deux ou trois maisons reliées les unes aux autres malgré des plans et des niveaux différents ; probablement les voisins de ceux qui voulaient quitter la ville avaient profité de ces ventes précipitées et étendu leurs propres demeures ou leurs bureaux, puisqu'ils étaient presque tous des commerçants, en perçant des portes et en se raccordant par des escaliers.

La reconstruction de Pompéi fut rapide, les temples furent rebâtis, plus petits et moins riches qu'ils n'étaient auparavant, celui d'Hercule notamment ; le forum fut, au contraire, agrandi et embelli ; les décurions, les duumvirs, les édiles, luttèrent d'activité et de zèle ; les statues que leur votèrent leurs concitoyens et les inscriptions qu'on trouve sur les piédestaux en sont l'irrécusable témoignage. Les théâtres n'étaient pas tout à fait achevés, le forum occupait encore les ouvriers, et des blocs étendus sur le sol attendaient le ciseau ; mais les boutiques et les maisons se réparèrent beaucoup plus vite, parce que la légèreté des constructions et la qualité des matériaux s'y prêtaient. Déjà Pompéi avait repris son activité et plus de fraîcheur ; de toutes parts les modeleurs en stuc et les peintres décorateurs avaient été appelés ; ils ne pouvaient suffire, et la célérité ne s'obtint qu'aux dépens du soin, du luxe et de la beauté. D'ailleurs beaucoup d'habitants avaient été appauvris par la catastrophe et se trouvaient condamnés à l'économie ; les pauvres et les affranchis, qui avaient été forcés de refaire leurs boutiques, avaient fait rajuster, sans égard à la forme ni à la couleur, les débris de marbre qu'ils avaient pu recueillir.

Le vrai malheur pour les modernes, c'est que la véritable ville de Pompéi, la ville antique, vénérable, pleine d'enseignements, construite à diverses époques, avec son histoire, sa transformation, ses variétés de style, a disparu dans cette reconstruction. Tout a été rajeuni, c'est-à-dire ramené à un modèle uniforme, qui est le goût du temps. Combien il eût été préférable que l'éruption du Vésuve eût été avancée de quelques années, et que Pompéi, au lieu d'être ensevelie l'an 79. de l'ère chrétienne, sous Titus, eût été ensevelie avant le tremblement de terre, l'an 63, sous Néron ! La ville des anciens âges reparaîtrait aujourd'hui ; nous la verrions sortir du sol avec son caractère national, ou même avec ses caractères divers : ici se ferait sentir l'influence grecque, là persisterait la vieille tradition osque, plus loin se trahiraient les mœurs campaniennes, tandis que les monuments et les maisons refaits après l'an 63, sous l'empire, portent le cachet de l'an 63 et de l'empire : tout est inspiré par le même temps, et au milieu de cette relative stérilité on ne peut guère se. flatter d'avoir sous les yeux autre chose qu'un municipe latin du Ier siècle. L'intérêt est grand assurément, et il y a longtemps que l'Europe reconnaissante s'est écriée : Le Vésuve n'a pas détruit Pompéi, il l'a conservée ; mais combien le miracle eût été plus complet et l'archéologie plus satisfaite, si le Vésuve eût englouti la ville seize ans plus tôt, au lieu de la renverser simplement ! Ce vœu n'est pas exempt de férocité, mais je ne puis m'empêcher de regretter les curieux monuments du passé, les inscriptions osques, les temples grecs, les peintures étrusques, les maisons de la fin de la république, les théâtres avec leurs particularités propres à l'ancienne Campanie, les statues archaïques, les tombeaux des siècles primitifs, toutes ces beautés inconnues qui se seraient retrouvées enfouies sous les cendres tt protégées par les cendres. En vérité, la destruction de Pompéi avait eu lieu l'an 63, et la ville qui s'est relevée à sa place pour périr à son tour, n'était déjà qu'une ville de la décadence, décorée par un art qui était lui-même en décadence.

III. — LES TÉMOINS.

Au milieu de l'été de l'an 79, Herculanum avait depuis longtemps réparé les dégâts du tremblement de terre, Pompéi s'était relevée et rajeunie, les villas et les temples ébranlés par la secousse de l'an 63. avaient été restaurés, toute la côte de la Campanie avait repris une nouvelle fraîcheur. On était à la fin des jours caniculaires ; la sécheresse était grande, les sources et les puits étaient taris, symptômes dont les Campaniens devaient apprendre bientôt la signification. Le sol s'était agité plusieurs fois, la mer avait frémi sans cause apparente et s'était couverte de bouillonnements : on entendait des grondements souterrains, comme si les Titans ensevelis sous les montagnes se préparaient à recommencer leur guerre contre les dieux ; quelques habitants du pied du Vésuve assuraient même avoir vu des géants s'élancer au milieu des nuées. Tout à coup, le 23 août, à une heure de l'après-midi, s'éleva dans les airs une immense colonne de fumée.

Rien de plus naturel que de vouloir suivre les péripéties d'un drame qui émeut encore l'humanité. Pour cela, nous avons deux secours : d'abord le récit des témoins oculaires consigné dans les lettres de Pline le Jeune, ensuite le témoignage muet des victimes, c'est-à-dire la position des squelettes trouvés sous les cendres et les observations suggérées par les fouilles ; mais, pour bien s'expliquer les détails que l'histoire nous a transmis, ou ceux que l'archéologie nous révèle, il faut avoir présents à l'esprit les principaux phénomènes d'une éruption volcanique ; il faut rapporter aux faits généraux constatés par la science, les faits particuliers que les descriptions naïves des historiens rendent plus obscurs.

Sans exposer aucune théorie ni empiéter sur le domaine des géologues, rappelons-nous que toute grande éruption suppose deux éléments combinés, l'eau et le feu. Le feu, qui est le feu terrestre, est permanent selon les uns, accidentel selon les autres. Les premiers y voient la matière ignée qui forme le noyau de la terre et que soulèvent à certaines époques des courants souterrains, des marées qu'on n'a pu encore définir ; les seconds croient à de formidables combinaisons chimiques qui, se produisant tout à coup au sein de la terre, élèvent la température de la façon la plus violente, mettent un certain nombre de corps en fusion, les dilatent, et par l'excès de dilatation provoquent une explosion. Pour tous, le volcan est une soupape de dégagement ; M. Charles Sainte-Claire Deville le compare à une cheminée d'appel où les gaz combustibles brûlent au contact de l'air.

L'eau, d'un autre côté, joue un rôle considérable dans les phénomènes volcaniques. On a constaté, et Gay-Lussac a proclamé, qu'il n'y avait pas de grande éruption sans que l'eau y entrât comme élément essentiel. L'expérience démontre ce thème, en apparence paradoxal. Ce que l'on avait observé au Vésuve en 1794 a été confirmé par les études de M. Fouqué sur l'Etna. M. Fouqué a mesuré les quantités de vapeur d'eau condensée en pluie qui ont accompagné l'éruption de 4865. Il a trouvé pour vingt-quatre heures 22.000 mètres cubes d'eau, c'est-à-dire le volume d'une rivière. Herculanum atteste quelles masses d'eau mêlées aux cendres le Vésuve a dû jeter de ce côté en 79. Le Monte-Cavo, près de Rome, par la formation de ses bancs de péperin, nous fait voir également quels torrents de pluie contemporains de l'éruption antéhistorique ont dû entraider les cendres et les pierres carbonisées qui, en se durcissant, ont créé un véritable tuf.

23

Quand on analyse les matières rejetées par certains volcans, on y remarque des éléments qui ne peuvent provenir que de l'eau de mer, par exemple le chlorure de sodium ou sel commun et l'azote. L'azote surtout, produit par les corps en décomposition, ne peut exister naturellement dans les entrailles de la terre ; il y semble introduit avec l'eau de la mer, qui contient suspendue une quantité considérable de débris animaux en dissolution, et par conséquent doit dégager, sous]'action du feu qui la vaporise, tout ce qu'elle comporte d'azote.

Comment l'eau de mer peut-elle pénétrer dans le foyer des volcans ? Par les fissures dont il était question dans la première partie de ce travail. Ces fissures se prolongent sous la mer et se rouvrent par l'effet du tremblement de terre ou de certaines révolutions souterraines. Pendant l'éruption de 1861, le golfe de Naples fut empesté d'acide carbonique qui sortait du fond de la mer, la faisait bouillonner et tuait les poissons, rejetés bientôt sur la plage. Pour que l'acide carbonique se dégageât du fond de la mer, il fallait nécessairement qu'il y eût des fissures par où l'eau pénétrait et expulsait le gaz. Les navigateurs qui visitent les îles Lipari, ont signalé, entre Lissa Bianca et Bottaro, un point où le fond de la mer semble en ébullition ; lorsque la surface de l'eau est tranquille, on voit des bulles de gaz se dégager en grande abondance par des orifices inconnus ; par où le gaz sort, l'eau entre.

Si les volcans sont éloignés de la mer, alors c'est l'eau douce, soit l'eau des pluies, soit l'eau des sources, qui pénètre par infiltration à travers des roches poreuses. Pendant des années et parfois des siècles, il se forme ainsi de vastes réservoirs dans l'intérieur de la terre. Le jour où, par suite d'un éboulement, d'une obstruction de conduits, d'un tremblement de terre, de l'action du feu qui met les roches en fusion, ces nappes d'eau douce et d'eau salée sont en contact avec le foyer du volcan, aussitôt se produit le phénomène qui accompagne l'explosion d'une chaudière à vapeur. L'eau se vaporise à cette chaleur qui dépasse toutes les mesures de chaleur connues ; la violence indicible de la pression provoque l'éruption, et jette dans les airs des torrents de vapeur qui se refroidissent aussitôt et retombent en pluie. Pour concevoir comment Herculanum a été noyé sous une épaisseur de cendres et de boues qui dépasse 80 pieds, il faut se souvenir que dans toute grande éruption l'eau a une part considérable, et que sa force est supérieure peut-être à celle du feu.

Ces préliminaires établis, rappelons avec ordre quels sont les phénomènes qui accompagnent une grande éruption, car la connaissance de ces phénomènes nous, est nécessaire pour comprendre le récit des auteurs anciens : elle leur prête la lumière qui leur manquait à eux-mêmes. Ce sont :

1° La colonne de fumée, indice précurseur ; elle s'élève jusqu'à 2.000 et 3.000 mètres dans les airs, et remplace le petit nuage blanchâtre qui sort d'ordinaire du cratère pour être aussitôt courbé par le vent.

2° Les tremblements de terre qui précèdent et accompagnent l'éruption, rouvrent les fissures, et facilitent l'échappement des matières incandescentes.

3° Les gaz qui se répandent soit par les fissures, soit par le cratère ; ils sont de deux sortes, les uns inflammables au contact de l'air et produisant des jets subits de flamme, l'hydrogène et le carbure d'hydrogène, par exemple ; les autres, plus lourds que l'air, tendant à ramper sur le sol, mortels pour quiconque les respire : tels sont, par ordre de densité croissante, l'acide chlorhydrique, l'acide sulfureux et l'acide carbonique ; chaque fissure a son gaz particulier. L'abondance du gaz acide carbonique est surtout dangereuse : il asphyxie tous les êtres animés, et n'est pas moins redoutable lorsqu'il sort de l'eau. M. Sainte-Claire Deville a mesuré la quantité de ce gaz qui s'échappait du lac des Palici, en Sicile ; il a trouvé 96 et 98 pour 100. La même expérience faite à Vulcano lui a donné 86 pour 100, et dans la grotte du Chien 78 pour 100.

4° La vapeur d'eau que chasse une incalculable pression ; elle se résout quelquefois en pluies torrentielles par un refroidissement subit, inonde le cône. Malheur aux villes situées dans des vallées qu'atteint alors l'inondation !

5° Les éclairs que produisent ces vapeurs et ces nuées chargées d'électricité contraire. Le bruit est moins fort que celui de la foudre dans un simple orage, mais les éclairs sont plus grands et se prolongent avec plus d'éclat. Les décharges multipliées de l'électricité s'ajoutent ou succèdent aux jets de flammes des gaz inflammables.

6° Les cendres, corps pulvérisés par la violence du feu et réduits à un tel état de légèreté qu'ils sont emportés par le vent à des distances considérables. La cendre a été portée jusqu'à Rome en 79. Dans l'éruption de 1822, Castellamare a été couvert d'un pied de cendre ; dans celle de 1861, la cendre a jonché les rues de Naples comme de la neige. Tous les ans, du reste, nous voyons le simoun transporter le sable du Sahara jusque sur le littoral de l'Afrique et même en pleine mer.

7° Les pierres à l'état incandescent, qui retombent comme des projectiles lancés par un obusier sur le cône même ou au pied du cône. Le 8 août 1779, le village d'Ottoiano fut ainsi bombardé par une pluie de pierres enflammées qui mirent le feu à plusieurs maisons.

8° Les innombrables pierres ponces, poreuses, réduites en fragments qui sont portés au loin et retombent pour former des bancs considérables. Les savants sont divisés sur l'origine de ces pierres ponces, que les Italiens appellent, en les confondant avec les petites pierres de toute espèce, *lapilli* ou *rapilli*. Les uns croient que c'est la lave du cratère, percée de mille trous par la vapeur d'eau, lancée en mille éclats par l'explosion, refroidie au contact de l'air, et pouvant être comparée à ces pâtes de verre ou de mosaïque que traversent de nombreuses bulles d'air. Les autres croient que des volcans sous-marins ont préexisté au Vésuve et donné ces nappes de pierres ponces et de tuf qui couvrent les Champs Phlégréens et une partie de la Campanie. C'étaient, par conséquent, des gisements antérieurs, une sorte de dépôt des éruptions antéhistoriques qui avait comblé l'ancien cratère effondré.

9° La lave, qui, partant d'un fond inconnu, tantôt s'élève au sommet du cratère, tantôt s'épanche par les fissures diamétrales au pied du cône. Celle qui remplit le cratère jette ses reflets sur les vapeurs et les nuages, et les colora comme un incendie. En 1857, M. Charles Sainte-Claire Deville put observer de près l'intérieur du volcan de Stromboli. Je voyais, dit-il, des vapeurs rouges que j'aurais certainement prises pour des flammes ondoyantes, s'il ne paraissait établi que c'est une illusion[1]. Au contraire, la lave qui forme des coulées sur les flancs de la montagne paraît d'autant moins qu'elle s'engouffre dans les anciennes fissures rouvertes par les tremblements de terre ; dans certaines éruptions la lave coule sur la face du sol, comble les ravins, et pousse jusqu'à la mer.

10° Les soulèvements de certaines parties de la montagne ou de la côte, produits par les laves nouvelles qui se perdent sous les vieilles laves refroidies, les réchauffent et les dilatent. En 1801, M. Charles Sainte-Claire Deville a remarqué que le rivage s'était relevé de 1 mètre à 1 mètre 50, tandis qu'il cherchait en vain sur le Vésuve les coulées de lave qui auraient dû être énormes, mais qui disparaissaient dans les anciennes fissures.

---

1 *Comptes rendus de l'Académie des Sciences*, même année.

Tels sont les phénomènes principaux qui signalent une éruption. Ces phénomènes sont ou simultanés ou prédominant tour à tour ; ils sont supprimés parfois, mais il faut les avoir tous présents à la mémoire pour lire avec fruit les descriptions des anciens, qui seraient sans cela pleines de confusion.

Nous nous mettrons d'abord en observation le plus loin possible du Vésuve ; nous imiterons Pline le Jeune, qui est resté à Misène, avant de suivre à Rétina et à Stabies Pline l'Ancien, qui devait y trouver la mort. Nommé préfet de la flotte par Vespasien, Pline l'Ancien, grand compilateur et bon fonctionnaire, avait conservé son commandement sous Titus. Il avait appelé auprès de lui sa sœur Plinia, dont le fils, Plinius Cæcilius Secundus, jeune homme de dix-huit ans, prudent, réfléchi, donnait les plus belles espérances.

Il était une heure de l'après-midi, la chaleur de la canicule .n'avait rien perdu de sa force. Le préfet de la flotte s'était jeté sur son lit et lisait, lorsque sa sœur vint l'avertir qu'on voyait une nuée d'une grandeur et d'une forme extraordinaires. Pline se chaussa et monta sur un lieu d'où le regard embrassait tout le pays. La nuée s'élançait d'une montagne que l'on ne pouvait distinguer au fond du golfe ; on ne sut que plus tard que c'était le Vésuve. Poussée par un souffle puissant, elle s'élançait, puis s'arrêtait, s'étendait, retombait par son propre poids : on eût dit un pin parasol dont le tronc porte jusqu'au ciel une couronne de branches qui se ramifient de toutes parts. Le nuage paraissait tantôt blanc (c'était la vapeur d'eau), tantôt sale (c'étaient les cendres), tantôt marqué de taches (c'étaient les scories et les pierres ponces).

Pline l'Ancien s'embarque pour aller observer ce prodige ; il propose à son neveu de l'accompagner ; celui-ci refuse, préférant étudier et achever un devoir que lui-même lui a donné. Le jeune homme reste donc à Misène, et le soir venu, sans plus s'émouvoir d'un phénomène lointain, il prend un bain, soupe, se couche. De légères agitations du sol troublent d'abord son sommeil. Bientôt sa mère se précipite dans sa chambre au moment où il se levait lui-même ; la violence des secousses lui faisait croire que la maison allait s'écrouler. Ils vont tous deux s'asseoir dans un espace étroit qui s'étendait entre l'habitation et la mer ; Pline demande un volume de Tite-Live et se remet à en faire des extraits, constance d'âme un peu affectée, mais propre à rassurer la population qui l'entourait. Il était déjà sept heures, et c'était à peine si le jour paraissait, pâle et douteux. Les secousses redoublant de force, il faut s'éloigner des lieux habités, gagner la rase campagne ; une foule éperdue se précipite aussitôt derrière eux.

On s'arrête hors de la ville, et là s'offrent de nouveaux sujets de terreur. Les voitures qu'on avait emmenées ne pouvaient rester en place, même calées par de grosses pierres. La mer semblait se renverser sur elle-même, comme refoulée loin du rivage ; on voyait en effet une quantité de poissons à sec. Du côté de la terre ferme, au contraire, une nuée noire, horrible, était traversée par des traits de feu ; on eût dit des éclairs, mais plus fréquents que ceux d'un orage et prolongeant plus loin des sillons de flamme plus grands. On sera frappé de la justesse de cette dernière observation, si l'on se souvient de ce que nous avons dit tout à l'heure de l'électricité développée par une éruption et des vapeurs qui l'accompagnent.

Peu à peu, la nue qui planait sur la montagne descendit, couvrit la terre et la mer, enveloppa Caprée et le promontoire de Misène. La cendre tomba bientôt, en très petite quantité il est vrai, et força les fugitifs à reprendre leur marche. Pline se retournait de temps en temps, croyant voir une épaisse fumée se répandre comme un torrent et le poursuivre. En effet, il se trouvait avec sa mère en dehors du grand chemin, qu'ils avaient quitté de peur d'être écrasés par une multitude que la terreur rendait folle. Les ténèbres devinrent telles qu'il fallut s'arrêter et s'asseoir ; ces ténèbres ressemblaient non pas à une nuit sans lune, mais à l'obscurité d'une chambre hermétiquement close, où toutes les lumières auraient été éteintes. Les gémissements des femmes, les pleurs des enfants, les cris des hommes qui s'appelaient sans se voir, les prières adressées aux dieux, complétaient cette scène lugubre. Tout à coup une lueur éclata ; elle annonçait non le jour, mais l'approche du feu, qui pourtant, ajoute Pline, s'arrêta loin de nous.

Il est évident que le jeune Pline a été trompé par des phénomènes d'optique tout à fait nouveaux et pour sa vue et pour le raisonnement, qui complète ou redresse instantanément chez l'homme les perceptions de la vue. Ce feu dont il parle est au sommet du Vésuve, et ne lui parait proche que par sa grandeur et sa rapidité à se développer sur une vaste étendue ; c'est l'effet de la fantasmagorie, qui fait paraître un objet lumineux plus rapproché de nous à mesure qu'il est agrandi par un verre grossissant. L'éruption étant entrée dans une phase nouvelle, la pluie de cendres cessa quelque temps, la cime du Vésuve se dégagea, et l'on vit tout à coup cet embrasement, qui pouvait avoir deux causes : ou bien la vapeur d'eau avait formé d'immenses nuages et la réverbération de la lave incandescente qui remplissait le cratère colorait ces nuages, ou bien il y avait eu une émission de gaz inflammables qui s'étaient frayé un chemin à leur tour, et qui, au contact de l'air, prenaient feu et éclairaient le ciel.

La journée s'avançait ; après un intervalle, les ténèbres se reformèrent, et la pluie de cendres recommença si drue et si lourde, qu'elle chargeait les vêtements, forçant les gens assis à se lever et à se secouer de temps en temps ; autrement ils auraient été ensevelis et comme écrasés sous le poids[1]. La cendre volcanique, en effet, est plus pesante que la cendre ordinaire, parce qu'elle contient une grande quantité de tuf pulvérisé. Quant à la partie la plus légère, elle fut emportée jusqu'à Rome ; Dion Cassius et d'autres historiens l'attestent, et ils ajoutent que le ciel s'obscurcit et que l'on se crut à la fin du monde. Rome n'est pas assez éloignée du Vésuve, à vol d'oiseau, pour que le fait soit révoqué en doute, surtout si nous mesurons à quelles distances le simoun d'Afrique transporte le sable du désert ; Procope à son tour raconte que, dans une éruption postérieure, le Vésuve envoya des cendres jusqu'à Constantinople. Ce récit, qui paraît d'abord exagéré, n'a cependant rien de matériellement impossible.

Enfin ces noires vapeurs s'allégèrent et se dissipèrent comme une fumée ou comme un nuage. La cendre cessant de tomber, le jour revint, le soleil se montra même, jaunâtre et comme pendant une éclipse. Tout apparaissait changé à des yeux encore troublés : la campagne et les maisons étaient couvertes d'une couche épaisse qui ressemblait à de la neige, sauf la couleur. On retourna à Misène, la journée tirait à sa fin ; on soupa et l'on passa la nuit entre l'espoir et la crainte, car les secousses du tremblement de terre se renouvelaient, quoique de plus en plus faibles.

Telles furent les impressions de Pline le Jeune : précisées par quelques explications, elles nous font voir clairement les phénomènes dont on fut témoin à l'extrémité du golfe de Naples Nous y trouvons aussi une indication exacte du temps qu'a duré l'éruption, du moins dans sa violence. Le 23 août, à une heure de l'après-midi, paraît la colonne de fumée. Ce n'est que pendant la nuit que le tremblement de terre commence, il redouble vers le matin ; la cendre tombe vers neuf heures le 24 ; elle cesse avant le soir, et les habitants de Misène, pendant la nuit du 24 au 25, ne ressentent plus que des oscillations du sol.

---

1 *Operti atque etiam oblisi pondere.*

Suivons maintenant Pline l'Ancien, qui est parti le 23 ; la journée étant déjà avancée. Quoiqu'il eût ordonné aussitôt d'apprêter un navire léger et rapide, il avait été retardé. Les sablais de la flotte, en garnison à Rétina, lui avaient envoyé un messager pour le supplier de venir à leur secours. Adossés au Vésuve, pris entre Pompéi et Herculanum, qui chacune étaient accablées par un désastre différent, ils ne pouvaient se sauver que par mer. Le préfet de la flotte fit appareiller alors des galères à quatre rangs de rames, parce qu'elles pouvaient contenir plus de monde, se proposant de recueillir non seulement ses soldats, mais les Romains qui habitaient cette plage charmante. Ces contre-ordres et ces préparatifs divers demandèrent du temps. Ce ne fut que tard dans l'après-midi que Pline partit, se dirigeant droit vers Rétina. A mesure qu'il approche la cendre tombe sur ses vaisseaux plus épaisse et plus tiède[1] ; il s'y mêlait même des pierres polices et des débris noircis par le feu. Soudain on est arrêté : on ne peut approcher du rivage. La mer n'a plus assez de profondeur, soit qu'elle ait reflué, soit que la montagne l'ait en partie comblée par ses éboulements.

Ici il faut éclaircir le récit de Pline l'Ancien ou plutôt de, ceux qui l'accompagnaient, car on ignore si les tablettes sur lesquelles il ne cessait de prendre des notes ont été rapportées à son neveu ; Pline le Jeune, dans tous les cas, a pu consulter des centaines de témoins oculaires. La chute des cendres, des pierres ponces, des débris carbonisés, est confirmée par les fouilles de Pompéi ; mais que signifie cette retraite de la mer ? Pourquoi le rivage est-il devenu inabordable ? Pourquoi les navires, au lieu d'entrer dans le petit port de Piétina, doivent-ils rester au large et sont-ils exposés à toucher, faute de profondeur ? Le Vésuve n'a pas encore rejeté assez de matière pour combler le fond de la mer ; il n'y a eu ni éboulements, ni coulées de lave. Évidemment il s'est produit un soulèvement de la côte bien plus fort que celui qui a été observé en 1 861 par M. Sainte-Claire Devine, et qu'il supposait très judicieusement être l'effet des laves incandescentes répandues dans les anciennes fissures, se glissant sous les laves antérieures, les dilatant, les soulevant. Le sol s'est alors exhaussé, a déplacé le niveau des eaux, et rendu inabordables aux grands navires des lieux qu'ils pouvaient auparavant accoster. De là ce bas-fonds subit, *vadum subitum*, qui arrête les galères romaines et les force à rebrousser chemin en abandonnant à leur triste sort les soldats de la flotte aussi bien que les habitants des villas. La mer ne s'était retirée que parce que le rivage s'était relevé, et parce que les coulées de lave des éruptions primitives étaient travaillées par l'action souterraine des laves de l'éruption présente. Il faut renoncer à peindre l'état de tous ces malheureux, qui déjà probablement avaient donné l'assaut aux petits navires et aux barques tirées sur le rivage ; repoussés par de plus vigoureux ou prévenus par de plus diligents qui avaient pris le large, ils s'étaient réjouis à la vue de la flotte de Misène. Leur joie fit place au plus profond désespoir lorsque la flotte s'éloigna sans avoir pu communiquer avec eux. Fuir sur Herculanum ou sur Pompéi, ce n'était que choisir le genre de mort ; la plupart, sans doute, attendirent ce qui était inévitable.

Pline, ne pouvant aborder à Rétina, se dirigea sur Stabies, située au pied du mont Lactarius. Dans ce temps-là, le golfe de Naples formait un repli beaucoup plus profond entre Stabies et Pompéi. Les matières vomies par le volcan et rejetées par les flots ont comblé ce repli et substitué une plaine fertile à ce qui était jadis la mer. La terre a gardé une surface d'une égalité qui rappelle le

---

1 Le mot *calidior*, dont se sert Pline le Jeune pour qualifier la cendre qui tombait, indique seulement qu'elle était tiède ; autrement on n'aurait pas exposé les vaisseaux à un incendie certain.

niveau des eaux, et qui montre comment les dépôts successifs sa sont formés. C'est ainsi que le golfe d'Utique a été comblé par les vases d'alluvion, tandis que les sables allaient remplir et effacer les ports de Carthage. On prétend que des mâts de navire ont été trouvés enfouis au delà de Castellamare, à plus de 500 mètres du rivage actuel : ce serait une indication de l'ancien port de Stabies. Pline s'était porté de ce côté, autant pour observer le Vésuve que pour secourir son lieutenant Pomponianus, qui résidait à Stabies avec une partie de la flotte. Pomponianus, voyant approcher le danger, avait chargé ses vaisseaux, et attendait pour s'éloigner que le vent cessât d'être contraire. Pline le trouve tout tremblant, l'embrasse, l'exhorte, le rassure par sa propre sécurité, prend un bain, soupe gaiement, ou du moins en feignant la gaieté. Quand la nuit fut venue, de larges flammes et comme de vastes incendies éclataient sur plusieurs points du Vésuve. Pline prétendit que c'étaient des maisons de campagne abandonnées et des villages où l'on avait eu l'imprudence de laisser des feux allumés. Il ne pouvait connaître ni les gaz inflammables qui prenaient feu au contact de l'air, ni la réverbération de la lave du cratère sur les nuées, ni les coulées de lave peut-être qui commençaient à déborder des fissures. Il se coucha, et dormit si profondément que ceux qui veillaient à sa porte l'entendaient ronfler.

Vers le matin, il fallut l'éveiller cependant. La cour qui précédait sa chambre se remplissait de cendre et de pierres ponces qui menaçaient d'obstruer bientôt toute la hauteur de la porte. On tint conseil ; on se demanda s'il fallait s'enfermer dans les maisons ou gagner la campagne. Les secousses de tremblement de terre qui chassaient à la même heure les habitants de Misène, forcèrent également ceux de Stabies à camper à ciel ouvert, tant leurs maisons, agitées par de fortes oscillations, semblaient sur le point de les écraser. Hors de la ville, il est vrai, la pluie de pierres était gênante ; mais ces pierres étaient poreuses et légères, ne blessaient point, et l'on s'en garantissait en plaçant sur sa tête un oreiller attaché avec un linge ou une bandelette ; cette simple précaution suffisait. Voilà certainement ce que firent à Pompéi tous ceux qui eurent l'heureuse inspiration de quitter la ville au lieu de s'enfermer chez eux. On remarquera aussi que la pluie de cendres et de pierres ponces commença le soir même à Rétina, pendant la nuit à Stabies, le lendemain seulement à Misène ; Misène ne reçut que de la cendre. Il est évident que si les matières lancées par le Vésuve eussent été incandescentes ou assez chaudes pour allumer des incendies, comme on l'a dit quelquefois, les Romains et les Stabiens n'auraient point songé à s'exposer à cette pluie en rase campagne. L'inconvénient était celui de la grêle, quand elle tombe forte et mêlée de glaçons ; encore la grêle a-t-elle beaucoup plus de densité.

Quoiqu'il fût l'heure où le jour recommence, la nuit la plus noire et la plus épaisse couvrait tout le golfe ; on ne se conduisait qu'à force de torches et de lumières de tout genre. On se rend au rivage pour essayer de reprendre la mer : elle était grosse et contraire. Là, Pline fait étendre une voile sur la cendre, s'y cois, demande de l'eau fraîche et en boit deux fois. Tout à coup des flammes mettent tout le monde en fuite et le forcent à se lever. Il s'appuie sur deux esclaves qui l'accompagnent, fait un effort et retombe mort. Il était asthmatique, nous dit son neveu, et sujet aux suffocations ; mais cette faiblesse de poitrine ne suffit pas pour expliquer sa mort. Les flammes et l'odeur du soufre dénotent trop clairement une émission subite de gaz échappés de fissures. Ces gaz devaient être de deux sortes, le gaz acide sulfureux, mortel pour ceux qui le respirent, et le gaz hydrogène carboné ou carbrue d'hydrogène, qui s'enflamme au contact de l'air. Par sa combustion, il dégage le gaz acide carbonique ; celui-ci, plus pesant, retombe et est également mortel. C'est ainsi que dans l'éruption de 1861 on a vu les laves de 1794 se rouvrir et laisser échapper par leurs fissures des gaz combustibles qui prenaient feu aussitôt. Il faut en outre considérer que Pline était couché sur le rivage, et que du fond de la mer se dégageait probablement une grande quantité d'acide carbonique qui formait une couche de plus en plus épaisse sur la surface du sol. Pline l'Ancien a subi le sort du chien que l'on introduit dans la grotte voisine de Pouzzoles. Tant qu'on le tient en l'air, il respire aussi bien que les visiteurs ; dès qu'on le pose à terre, il est asphyxié par l'acide carbonique, et, si les visiteurs se baissaient au lieu de se tenir droits, ils seraient également asphyxiés.

En se couchant, Pline alla au devant du danger. Ses compagnons, qui étaient restés debout, purent s'échapper sains et saufs. Les esclaves qui l'assistaient n'éprouvèrent aucun mal, parce qu'ils se baissèrent à peine pour l'aider à se relever. Le hasard a de ces ironies : l'illustre naturaliste ignorait les phénomènes de la nature ; ce savant ne savait pas que dans toute éruption les gaz émanés des coulées de lave et des fissures sont funestes aux êtres animés, et forment les couches inférieures de l'air parce qu'ils sont plus lourds que l'air. Il est mort parce qu'il s'est couché ; s'il était resté debout, il aurait lui-même fait la relation de tout ce qu'il avait vu. Lorsqu'on revint, trois jours après, le calme étant rétabli, on trouva, il est vrai, son corps intact et qui semblait dormir ; mais on oublia sous la cendre les tablettes sur lesquelles il avait consigné des observations qui auraient été plus curieuses pour nous qu'elles n'avaient été profitables pour lui-même. Son neveu semble avoir coordonné seulement les récits de ceux qui l'avaient accompagné.

IV. — LES VICTIMES.

Après avoir écouté les témoins oculaires, il nous reste, pour entrer plus avant dans le drame du Vésuve, à consulter les victimes. Aucune relation n'existe, et nous sommes réduits à imaginer par induction ce qui s'est passé à Pompéi et à Herculanum ; mais le sol et les fouilles ont fourni des documents dont l'archéologie doit savoir tirer parti : les squelettes et les cadavres ont une éloquence qu'il faut comprendre et traduire.

Dion Cassius avance qu'au commencement de l'éruption, les Pompéiens étaient réunis dans le théâtre. Comme la restauration du théâtre n'était pas achevée, on a proposé de lire *amphithéâtre* ; mais la rectification a peu d'importance. Que ce fût du théâtre ou de l'amphithéâtre, les spectateurs eurent le temps de se sauver et de regagner leurs maisons. On n'a trouvé dans le théâtre aucun squelette, et les fouilles de l'amphithéâtre n'en ont fait découvrir que deux, soit que des gladiateurs y eussent été retenus captifs, soit que leurs cadavres eussent été oubliés, soit que deux pauvres gens eussent cherché un refuge sous les voûtes qui supportent les gradins.

Quoi qu'il en soit, les Pompéiens furent avertis par la colonne de fumée qui s'élançait du Vésuve ; ils la voyaient des rues, du forum, de leurs terrasses, elle était en quelque sorte sur leurs têtes. Tous auraient pu se sauver, s'ils étaient partis à temps. Les plus sages ou les plus timides se sont enfuis, les autres ont attendu l'événement, et la plupart de ceux qui ne savaient où trouver un autre asile s'enfermèrent dans leurs maisons. Qui peut dire ce qui s'est alors passé ? qui peut calculer les inspirations imprévues de la peur et du désespoir ? Bientôt les ténèbres qui se répandirent sur la campagne, les pierres qui tombèrent avec le fracas de la grêle sur les dalles de l'atrium et les tuiles de la toiture, firent croire que le monde retournait au chaos. Quand on vit les cours et les rues se remplir, les colonnes et les murs fendus par le tremblement de terre, la crainte d'être ensevelis vifs décida une nouvelle série de fugitifs à s'éloigner des lieux habités. Des oreillers, des étoffes repliées, protégeaient leur tête contre les projectiles qui pleuvaient sur eux. Des lampes et des torches éclairaient mal leur course aveugle. Les citadins, nous dit Dion Cassius, fuyaient dans la campagne, les campagnards se réfugiaient dans la ville. L'instinct irréfléchi avait pris la place de la raison ; comme il arrive dans les grandes calamités publiques. Il faut donc renoncer à deviner les plans ou les calculs d'une population affolée par la terreur. L'examen du sol fait d'abord reconnaître que les phénomènes volcaniques qui ont perdu Pompéi étaient les mêmes que ceux qui ont perdu Stabies. Les pierres ponces recouvrirent la vile jusqu'à quatre mètres de hauteur ; un mètre environ de cendre plus fine s'y ajouta ; deux autres mètres de cendres et de débris carbonisés qu'on voit ensuite, sont des dépôts produits par les éruptions postérieures du Vésuve. Puisqu'en 1822 il est tombé un pied de cendre dans les rues de Castellamare, Pompéi, située dans la même direction et voisine du volcan, a dû le même jour en recevoir plus encore. Du reste, de minces filons de terre végétale et de petites coquilles terrestres apparaissent entre les couches plus récentes, et prouvent que la culture avait repris ses droits dès que l'action de l'air et de l'humidité avait rendu les cendres fertiles. Ce serait donc sous une épaisseur de quinze pieds seulement qu'une ville entière, dont les maisons avaient plus d'un étage, aurait été ensevelie, et qu'une partie de la population aurait péri ! Rien n'est moins vraisemblable, et il est évident que notre ignorance fait trop peu d'efforts lorsqu'elle simplifie à ce point le tableau. Une étude attentive est nécessaire pour analyser et pénétrer les causes de la mort d'un assez grand nombre de Pompéiens, de même qu'il faut une imagination patiente pour retrouver les traces de la destruction d'une cité qui n'a pas été aussi subite que nous le voulons croire. Nous ne nous occuperons aujourd'hui que des victimes ; les ruines auront leur tour.

Il y a cent vingt-deux ans que les fouilles de Pompéi ont commencé ; on estime que depuis ce temps l'on a retrouvé environ 600 squelettes. M. Fiorelli, dans un rapport adressé au gouvernement italien[1], constate qu'on en a recueilli 127 de 1846 à 1866, c'est-à-dire dans une période de vingt années. Comme les recherches ont été moins actives dans le siècle qui a précédé, il convient d'atténuer la proportion ; au lieu d'une moyenne de 10 squelettes par an, on peut prendre une moyenne de 4 à 5 squelettes, soit un peu moins de 500 squelettes. On obtient de la sorte un chiffre aussi rapproché que possible de la vérité. L'on n'a encore déblayé que les deux cinquièmes de Pompéi ; or, si dans ces deux cinquièmes on a constaté un total de 600 victimes, il est naturel que dans.les trois autres cinquièmes on s'attende à en découvrir 900. En tout, 1.500 Pompéiens auraient péri, c'est-à-dire le dixième de la population, si on l'évalue à 15.000 âmes, — le huitième, si on la réduit au chiffre plus vraisemblable de 12.000.

Un tel désastre fournissait un vaste champ à l'observation. Si les personnes qui ont dirigé les travaux d'excavation à diverses époques avaient pris des notes exactes, il est impossible que la position des corps, le lieu où ils se trouvaient, l'état des ruines ou du sol, toutes les circonstances, en un mot, ne continssent pas quelque enseignement. De même que les magistrats, quand un crime a été commis, portent leur examen sur tout ce qui- entoure le cadavre et constatent les détails les plus futiles, parce que ces détails peuvent dénoncer tout à coup le coupable, de même les ingénieurs et les archéologues qui ont exploré Pompéi nous apprendraient beaucoup, s'ils avaient décrit avec soin chaque découverte de ce genre. Il n'en est rien malheureusement, et je ne saurais dire quelle a été ma déception lorsqu'a paru l'*Histoire des antiquités de Pompéi*[2]. M. Fiorelli avait eu la patience de copier les manuscrits qui avaient été rédigés depuis l'origine par les directeurs des fouilles ou les surveillants, car ils avaient l'habitude de constater jour par jour les découvertes faites par leurs ouvriers, et de dresser un inventaire des objets envoyés au musée de Portici. La publication de ces listes ou, si l'on veut, de ces carnets, si laborieusement préparée par M. Fiorelli, promettait les plus attachantes révélations. Dès l'an 1748, don Rocco Alcubierre, officier espagnol, puis Carl Weber, ingénieur suisse, plus tard Francesco la Vega, don Pietro la Vega, etc., concentrent entre leurs mains les rapports des agents qu'ils emploient[3]. En faisant imprimer dans un ordre méthodique ces divers manuscrits, M. Fiorelli a rendu un nouveau service à la science, et il n'a pas dépendu de lui que ce service fût plus grand ; mais]es réflexions des auteurs sont si brèves et leurs désignations si imparfaites, qu'on voit qu'ils obéissaient aux règles de l'administration bien plus qu'au désir d'instruire la postérité. On constatait, on n'étudiait point ; on faisait des catalogues pour prévenir les vols ou les soupçons, on n'avait point souci de la curiosité des savants ; on comptait les objets comme les intendants comptent les meubles du château qui leur est confié, on ne les décrivait point.

---

[1] *Scoverte archeologiche fatte in Italia, del 1846 al 1866*, in-8°, Naples, 1 8 6 7.
[2] *Pompeianarum antiquitatum historia*, in-8°, Naples, 1860.
[3] On a les noms de plusieurs de ces agents ou surveillants, Cixia, Corcoles, Perez Conde, etc.

Les squelettes figurent parfois dans l'inventaire, mais sans qu'on y attache d'importance, et sous une forme qui varie peu . Le... février 176..., on a trouvé : — *or*, une boucle d'oreille, trois monnaies ; — *argent*, une bague ; — *bronze*, deux vases, une fibule, un vase sans anse, une lampe ; — *fer*, un râteau, une serrure, un battant de sonnette, sept clous ; — *verre*, cinq vases brisés, une bouteille, deux verres intacts, quinze boulons ; — *ivoire*, une aiguille, une plaque sculptée ; — *os*, un manche de couteau, un dé, un crâne avec des ossements. Cette énumération est plus ou moins longue, selon le nombre des objets ; le mot squelette est substitué çà et là aux mots crâne avec des ossements ; c'est tout ce qu'il faut attendre du *Journal des fouilles*, pour nous éclairer sur le sort de la plupart des Pompéiens ensevelis sous les cendres. Du 23 mars 1748 au 14 juillet 1764, le texte est espagnol, et dès le 19 avril 1748 Alcubierre signale en ces termes la découverte du premier cadavre : *Haviendose descubierto un muerto esta manana entre el rapillo y la tierra*, un mort s'étant découvert. ce matin entre la pierre ponce et la terre. En 1764, la langue italienne remplace la langue espagnole ; toutefois la brièveté est égale, surtout lorsqu'il s'agit des squelettes ; il semble que le sujet répugne ou soit dédaigné, sauf quelques exceptions dont nous tirerons tout à l'heure parti. Même dans ces derniers temps, lorsque la passion archéologique arrive à son apogée, de 1853 à 1860 par exemple, les squelettes sont indiqués[1] sans qu'on paraisse songer à examiner dans quel rapport ils se trouvent avec les lieux, les terrains, les niveaux, etc.

Fiorelli commence à donner quelques détails[2], et l'on en voudrait davantage. Le nouveau journal que rédigent les membres de l'école archéologique de Pompéi depuis 1868 est également beaucoup trop sommaire sur ce point[3], et j'adjure les jeunes savants qui secondent M. Fiorelli avec tant de zèle, de ne point nous épargner à l'avenir de minutieuses descriptions.

Malgré les regrets que laisse ce laconisme, on petit rapprocher les observations faites par les *soprastanti* des diverses époques, et en tirer des conclusions sur le sort des Pompéiens. Plus d'un genre de mort les a décimés, et ces genres bien constatés suffisent pour nous éclairer sur la nature des phénomènes qui ont accablé particulièrement Pompéi. D'abord il faut écarter les images qui se présentent à l'esprit, la lave, le feu, les pierres pesantes lancées par le volcan ; on ne trouve pas un centimètre de lave dans la ville : située sur un plateau, elle était à l'abri des coulées. Le feu a exercé si peu de ravages, qu'il n'est dû évidemment qu'à des accidents très restreints. Ce n'est point le Vésuve qui a embrasé les maisons par ses projectiles, ce sont plutôt les lampes et les torches que des ténèbres prolongées avaient forcé de tenir allumées partout. Soit que les oscillations du sol eussent mis en contact des rideaux, des étoffes avec la flamme agitée, soit que les habitants de la maison se fussent enfuis sans prendre les précautions nécessaires, il y a eu quelques incendies partiels étouffés par les cendres qui remplissaient l'atmosphère et les pluies torrentielles qui alternaient avec les cendres. On ne doit pas attribuer à la combustion l'état des poutres, des linteaux et des bois qu'on retrouve abondamment à Pompéi. L'action du temps et de l'humidité les a lentement consumés, noircis, rendus pulvérulents ; mais ils n'ont été ni réduits en cendre, ni carbonisés, ni même attaqués par le feu : les pilotis qu'on retire des lieux marécageux noircissent de même ; cela est si vrai,

---

[1] *Pompeianarum antiquitatum historia*, tom. II, pages 549, 595, 654, 655, 668, 672, 678, 679, etc.

[2] *Giornale degli Scavi di Pompei*, 1861, p. 16, 17, 94, etc.

[3] *Giornale degli Scavi, nuovo serte pubblicata degli alumni della Scuola archeologica*, in-4° ; voyez notamment p. 20 et p. 248.

que les parties des poutres traversées par des chevrons et des clous ont été protégées par l'oxyde de fer et ont conservé leur couleur naturelle. Enfin les grosses pierres lancées par l'orifice du cratère retombent toujours sur les pentes du cône, et décrivent des paraboles trop courtes pour atteindre la plaine ; quant à l'immense quantité de pierres ponces, qui ont souvent quatre mètres d'épaisseur, elles sont si petites et si légères, qu'elles auraient à peine meurtri le visage délicat d'un enfant ; un oreiller ou un voile jeté autour du visage était une protection suffisante.

Trois causes ont été surtout funestes aux habitants : le tremblement de terre, leur réclusion volontaire ou forcée, les gaz plus lourds que l'air, qui se répandaient sur le sol et les asphyxiaient.

Le tremblement de terre a été plus violent qu'à Misène, qu'à Stabies, qu'à Herculanum. La situation de Pompéi, sur d'anciennes coulées de laves et sur une fissure normale du volcan, l'exposait la première aux secousses qui accompagnaient l'éruption. De même qu'en 63, sous Néron, la ville avait été détruite, tandis qu'Herculanum et Naples n'étaient qu'à demi boula-versées, de même en 79, sous Titus, Pompéi fut agitée plus violemment que les cités voisines. Les ruines actuelles le démontrent sur tous les points. Certes, les maisons n'ont pas été jetées à terre, et les rez-de-chaussée sont debout ; mais les pierres ont été fendues par des oscillations qui les ont pour ainsi dire déchirées en deux, puis rapprochées. Les plus belles pierres des façades et les piliers des boutiques ont ainsi éclaté ; les mosaïques et les dallages des maisons présentent des ondulations qui accusent tour à tour le soulèvement et l'affaissement du sol. Avec de tels mouvements, il est impossible que les colonnes des portiques les plus élevés, les étages supérieurs de certaines maisons, des murs de clôture mal bâtis, n'aient pas été renversés.

En effet, on lit dans la relation des fouilles du 14 juin 1787, qu'on a trouvé huit squelettes sous les ruines d'une muraille, hors des portes de la ville. Un collier, des bracelets, une bague d'argent, étaient la parure des femmes qui étaient au nombre des victimes ; une lanterne attestait que ces malheureux avaient fui en essayant de se guider au milieu des ténèbres. Le 5 mai 1818, on a recueilli pendant le déblai du forum, deux squelettes, dont l'un était engagé sous une des colonnes renversées du temple de Jupiter ; il avait été évidemment écrasé par la chute du portique sous lequel il avait cherché un abri. Une visière de bronze était voisine, comme si le malheureux avait voulu protéger ainsi ses yeux contre la grêle de pierres ponces. Il semble qu'un autre Pompéien ait été écrasé par la chute de la statue équestre de Néron[1], qui était sur l'arc de triomphe de la rue de Mercure ; son squelette a été trouvé à côté de cette statue, qui est en bronze, un peu plus grande que nature et fort laide. Dans l'intérieur de la célèbre maison du Faune, on a réuni les ossements d'une femme sans pouvoir jamais découvrir son crâne, broyé sans doute sous les débris d'un étage écroulé. M. Fiorelli, en 1861, a constaté[2] la chute du premier étage d'une maison où les ossements de deux personnes étaient brisés et dispersés parmi les débris. Du 18 au 23 janvier, en déblayant l'atrium, il découvrit encore le cadavre d'une femme atteinte sur le seuil du tablinum, au moment où elle fuyait avec ses objets les plus précieux. Ses bijoux étaient renfermés dans une cassette de bois revêtue d'incrustations : un collier composé d'amulettes de toute sorte, des épingles à cheveux en os, un fuseau, quatre flacons à parfums en verre. Une lampe de terre cuite, portant

---

[1] *Pompeianarum antiquitatum historia*, t. II, p. 86.
[2] *Giornale degli Scavi*, 1861, p. 11 à 19.

l'image d'un dauphin, était auprès d'elle et l'avait éclairée dans sa fuite. L'écroulement des parties supérieures du portique ou de la maison la fit périr.

Enfin, dans les derniers mois de l'année 1869, on déblayait une maison située au delà de la rue de Stabies, et où le nom de l'esclave Thrason est tracé sur le stuc plusieurs fois, en grec, avec la pointe d'un couteau. Au fond du petit jardin de cette maison, au premier étage du gynécée, on a découvert onze cadavres, qu'on a essayé en vain de mouler ; les débris des constructions et les racines d'arbres mêlées aux ossements ont morcelé et fait tomber le plâtre versé dans cette immense cavité. On a recueilli des boucles d'oreilles, quelques bijoux, une longue chaîne d'or qui ressemble pour la façon aux chaînes étrusques, sept cents monnaies d'or et d'argent. Les habitants de la maison s'étaient tous réfugiés, avec ce qu'ils avaient de plus précieux, dans cet appartement élevé ; ils s'y croyaient à l'abri des matières volcaniques qui remplissaient peu à peu le rez-de-chaussée ; ils attendaient la fin de cette terrible épreuve. Une oscillation plus violente du sol a probablement fait écrouler le haut de la maison et la toiture ; ils ont été écrasés.

La seconde cause de mort fut la réclusion forcée ou volontaire. J'appelle réclusion forcée, celle des vieillards infirmes, par exemple, ou des malades abandonnés dans leur lit, celle des prisonniers ou des esclaves enchaînés par leurs maîtres. Dans l'impossibilité de fuir, oubliés par les vivants, éperdus eux-mêmes, ils furent soit étouffés par les matières qui obstruaient les portes et les fenêtres, soit noyés par les eaux qui s'infiltraient dans les caveaux et les souterrains, soit condamnés à mourir de faim. C'est ainsi peut-être que deux squelettes trouvés dans l'amphithéâtre sont ceux de deux gladiateurs captifs. Il n'y a point de doute pour ceux qu'on a trouvés à la caserne des gladiateurs, dans la prison même, à côté des ceps de fer qu'on a recueillis dans la chambre, et dont ils étaient parvenus à se dégager[1]. Deux squelettes de prisonniers qu'on a découverts dans la prison voisine du forum, avaient encore les os des jambes pris dans les entraves fixes auxquelles les assujettissait une traverse de fer[2]. Les chevaux dans leurs écuries, les chiens attachés dans leurs niches, périrent de même. On a retrouvé très peu de squelettes de chevaux, sans doute -parce que les chevaux ont aidé leurs possesseurs à s'éloigner plus vite du fléau. Dans l'auberge de la *voie des Tombeaux*, des ossements de cheval ont été reconnus auprès d'un mors et d'un reste de char. Il ne faut oublier non plus ni les tortues, qui se promenaient librement dans les jardins, ni les poulets familiers, ni la chèvre qui avait sauté dans un four ouvert, et qui y fut enterrée par les pierres ponces. Chose singulière, les chats avaient tous disparu, avertis par leur instinct.

J'appelle réclusion volontaire, celle des gens insouciants ou timides qui s'enfermèrent, crurent que des pertes solidement jointes étaient une protection suffisante, et attendirent que la pluie de pierres cessât, de même que la neige, la grêle, l'orage, qui n'ont qu'une courte durée. De plus sages prirent même des provisions. C'est ainsi que derrière la maison d'Épidius Sabinus, on a vu dans une chambre[3], à côté d'un squelette, les os d'un petit animal et un vase de terre qui avait contenu quelques mets ; c'est ainsi que, dans une maison située près du *Vicolo Storto*[4], on a remarqué des os de poulet auprès de sept squelettes qui étaient vraisemblablement ceux des esclaves de la maison, car ils étaient dans la

---

1 *Pompeianarum antiquitatum historia*, t. I, p. 197. Ces ceps sont aujourd'hui au musée de Naples.
2 Dyer, *Pompei*, édition de 1868, p. 100.
3 8 mars 1869.
4 12 mars 1863.

chambre à gauche de l'atrium. Les tortures des malheureux qui se condamnèrent à une telle captivité, et qui s'aperçurent trop tard du sort qui les attendait, durent être atroces. Murés vifs par les pierres et les cendres, comme Pline avait failli l'être à Stabies, ils furent peu à peu ensevelis. Les plus heureux furent noyés par l'irruption subite des pluies torrentielles et des cendres qu'el :es entraînaient à travers la couche de pierres ponces comme à travers un tamis ; mais cette mort plus rapide n'échut qu'aux Pompéiens descendus dans des souterrains et des lieux bas : c'est l'histoire de ceux qui s'étaient abrités dans les belles caves de la maison de Diomède, et qui seront tout à l'heure l'objet d'une description spéciale. Les plus misérables, au contraire, furent ceux qui s'étaient ménagé une retraite si sûre et si impénétrable, qu'ils ont eu le temps d'y souffrir la faim et une lente agonie. Le 30 août 1787, un corridor solidement voûté, clos à ses deux extrémités, a été reconnu vide. Ni les pierres ponces, ni les cendres délayées par l'eau n'y avaient pénétré. Dans ce corridor gisaient dispersés les os d'un homme. Ces os avaient été traînés à des places différentes ; ils avaient été rongés aux jointures, non par le temps, mais par la dent d'un carnivore. En effet, on remarqua bientôt le squelette d'un chien captif avec son maître . Le maître était mort de faim le premier ; le chien avait mangé le cadavre, prolongé sa vie, et était mort ù son tour. Qui peut dire aussi ce qu'a souffert le marchand mal inspiré qui se réfugia dans sa boutique, fortement close, sous l'image peinte d'Hercule Vainqueur[1], avec son pécule composé de cinquante-sept monnaies d'argent (trente-sept étaient des monnaies consulaires.)
La troisième cause de mort fut le dégagement des gaz impropres à la vie. Ces gaz sont de trois sortes, le gaz acide chlorhydrique, l'acide sulfureux, l'acide carbonique ; tous les trois sont plus lourds que l'air, tombent sur le sol et asphyxient ceux qui les respirent. J'ai expliqué déjà comment ils émanent des laves incandescentes et sortent des fissures qui rayonnent normalement du Vésuve. Pompéi, située sur une de ces fissures, est sujette, dès que le sol s'émeut, à ces redoutables émanations ; elles se répètent souvent, même de nos jours, et l'on sait que dans certaines parties de la ville, notamment dans le quartier plus bas des théâtres et du temple d'Isis, il serait dangereux de se coucher, parce qu'on respirerait de l'acide carbonique. Dans les fouilles, on est parfois arrêté par ces gaz méphitiques, que les Italiens appellent *mofeta*, qui proviennent non de la décomposition des corps animés, mais du feu souterrain ou des laves, et qui s'échappent par des fentes profondes et inconnues. Les égouts de Pompéi n'ont pu encore être déblayés, quoiqu'on espère y trouver des objets précieux entraînés par les torrents de cendres et de pluies, parce que des gaz s'en dégagent aussitôt qui renversent les ouvriers.
Le 1er février 1812, sur la voie antique qui reliait Pompéi à Herculanum, on a ramassé trois squelettes, à l'endroit même où le 11 janvier on en avait trouvé deux autres avec cent vingt-sept monnaies d'argent et soixante-neuf monnaies d'or. Un des squelettes était couché sur le ventre, les bras étendus ; le troisième était tourné vers le Vésuve. Évidemment ces malheureux ont été atteints en pleine fuite, tenant dans leur mains leur petite fortune ; foudroyés, ils ont eu à peine le temps de lever les bras ; de tourner sur eux-mêmes, et sont tombés à droite, à gauche, selon le caprice de leur dernière convulsion ; un d'eux a même aussitôt mordu la terre. Un courant de gaz les avait surpris, entourés, asphyxiés. Déjà au siècle précédent, le 29 octobre 1774, on avait recueilli plus près de la porte d'Herculanum, mais toujours sur le chemin, trois Pompéiens, tués

---

1 Fiorelli, *Giornale degli Scavi*, 1861, p. 94.

également par une suffocation subite ; les monnaies qu'ils avaient emportées avec eux étaient enveloppées dans un morceau de toile encore reconnaissable.

En général, on peut affirmer que tous les cadavres retrouvés à trois ou quatre mètres au-dessus du sol antique, entre la couche épaisse de pierres ponces et la couche beaucoup plus mince de cendres qui étaient tombées après les pierres ponces, sont des cadavres de fugitifs attardés. Ils avaient attendu que la pluie de pierres qui les effrayait cessât ; dès qu'elle avait cessé, ils avaient pris à la hâte quelques objets précieux et s'étaient sauvés, secouant la cendre qui ne s'attachait point à leurs vêtements, et couvrant leur bouche et leurs narines d'un voile ou d'un coin de manteau ; mais tous ceux qui rencontraient une colonne de gaz acide sulfureux ou de gaz acide carbonique errant lourdement sur le sol, tombaient aussitôt. On peut s'assurer par la relation des fouilles, qu'ils n'ont été victimes ni de la chute d'une construction renversée sur la voie par le tremblement de terre, ni de la chute d'un projectile incandescent lancé par le volcan. Un ennemi invisible les a frappés au passage ; cet ennemi, c'est la *mofeta*, c'est-à-dire un des gaz qui flottaient en nappes peu épaisses sur le sol, mais qui redoublaient d'épaisseur dans les rues étroites, dans les parties basses de la ville et dans les vallées. Telle a été la mort des Pompéiens dont les restes ont été reconnus le 9 novembre 1786, le 7 juin 1787 (quatre anneaux d'or étaient aux doigts du squelette et auprès de lui un petit enfant), le 13 mai 1795[1]. Ces derniers étaient plus riches ; ils étaient morts, le mari serrant contre sa poitrine dix-neuf pièces d'or et quatre-vingt-onze pièces d'argent qu'on a retrouvées enfoncées dans ses côtes, la femme en laissant échapper une grosse enveloppe de toile où elle avait noué à la hâte quatorze bracelets, des anneaux d'or, des boucles d'oreilles d'or et des bijoux de moindre importance. M. de Clarac signale[2] un corps situé de même entre les pierres ponces et la cendre et découvert le 12 mai 1812 ; à côté de lui, dans une grosse toile, étaient enveloppées huit pièces d'or, trois cent soixante monnaies d'argent, quarante-deux monnaies de cuivre. Dans ces dernières années, on a constaté derrière le *Vicolo* de Modestus, la mort de quatre individus qui étaient tombés dans leur fuite, emportant avec eux cinq bracelets, deux boucles d'oreille, deux bagues avec chaton, un plat d'argent, trente-deux monnaies, un candélabre, un vase de bronze.

Ces constatations sont déjà assez difficiles à bien établir, vu la brièveté des descriptions du *Journal des fouilles*, pour qu'on doive s'interdire de pousser plus loin les hypothèses. Chercher par quelles raisons les victimes dont nous signalons les restes ont été déterminées à demeurer ou à fuir, faire la part de la terreur, de la cupidité, de l'amour, du dévouement, du désir de la vengeance, tout cela serait œuvre d'imagination pure. Il serait plus près peut-être de la vérité, celui qui attribuerait le rôle principal au trouble des esprits, aveuglés par les ténèbres et stupéfiés par le désordre des éléments. On a vu, dans d'assez faibles tremblements de terre, l'effet électrique des secousses agir sur les cerveaux les mieux faits ; des hommes d'ordinaire très sensés extravaguaient, les gens graves prenaient les précautions les plus ridicules, les animaux eux-mêmes restaient dans une sorte de torpeur ou fuyaient le poil hérissé. Prétendre reconstruire cette série de drames domestiques est une chimère ; les romanciers s'y sont suffisamment exercés. Cependant, si les romanciers ont toute liberté pour inventer, il n'en est pas de même des historiens, qui ne doivent enregistrer que des faits certains ou probables . Pompéi a inspiré quelques légendes qui

____

[1] Voyez l'*Histoire des antiquités de Pompéi* publiée par Fiorelli, et le *Journal des fouilles* aux dates citées.
[2] Clarac, *Pompéi*, p. 5.

n'ont pas été discutées parce qu'elles étaient touchantes, et qui ont cours parce que la mémoire les retient sans effort. Il faut avoir le courage de rejeter ces fantaisies, non seulement parce qu'elles sont contraires à la vérité, mais parce qu'elles peuvent fausser les idées qu'on doit se faire sur l'état de la cité. En voici un exemple.

Auprès de l'arc à trois baies qui débouche de la ville sur la voie des Tombeaux, est une niche profonde. Depuis bientôt un siècle, on raconte, et les voyageurs redisent, que c'était la guérite d'un factionnaire, qu'un brave soldat montait la garde à la porte de la ville au moment de l'éruption, qu'il n'a pas voulu déserter son poste, qu'il s'est laissé enterrer vif, tenant toujours ses armes. Si ce récit était vrai, il en résulterait que Pompéi était une ville fortifiée sous l'empire, qu'elle avait des portes qui la séparaient du faubourg où s'était établie la colonie romaine, et qu'elle avait des soldats, ce qui serait contraire à tous les résultats constatés par la science, car les fortifications avaient été détruites en partie, la colonie et l'ancienne ville osque communiquaient librement, jour et nuit, par le grand arc qui ornait l'ancienne entrée, et l'on n'a jamais trouvé à Pompéi ni un soldat ni une arme de guerre. Les casques, boucliers, brassards, cuissards, qu'on montre aux musées, servaient aux gladiateurs dans les jeux publics ; ils sont d'une pesanteur, d'une richesse et d'une forme oui ne laissent aucun doute sur leur destination. Que l'on consulte le *Journal des fouilles*, et l'on sera convaincu que cette légende est absolument dénuée de fondement, qu'il n'a été recueilli à cette place ni armes ni ossements, et qu'on a simplement signalé l'inscription funéraire qui se lit encore aujourd'hui sur un cippe dressé dans le fond de la niche : *Cerrinus Restitutus, prêtre d'Auguste*. La prétendue guérite de factionnaire est un tombeau.

De même l'épisode de la mère qui s'est réfugiée avec ses trois petits enfants dans l'exèdre peinte qu'on voit plus bas sur la même route, la piété du personnage qui est venu offrir un sacrifice et périr dans le triclinium d'un tombeau, la tendresse des deux amants qui ont voulu mourir ensemble et dont les squelettes étaient encore entrelacés, sont de pures inventions, non seulement dénuées de preuves, mais démenties par le silence de ceux qui ont fait les fouilles et les ont décrites. L'histoire des trois prêtres d'Isis n'est pas moins fantastique ; mais du moins elle repose sur quelques détails vrais. Ces prêtres ont été surpris, dit-on, pendant leur festin ; l'un est mort à table, l'autre a percé deux murs à coups de hache (vains efforts !), le troisième s'est enfui jusqu'au forum triangulaire avec les objets du culte et a succombé à son tour. L'origine de ces fables est très modeste. Ce sont d'abord les débris d'un récent sacrifice et des os de victimes observés par ceux qui ont déblayé le temple d'Isis[1] ; ensuite ce sont des trous faits avec une pioche dans les murs d'une maison voisine ; ces trous, semblables à ceux qu'on observe dans beaucoup d'autres maisons, ont été faits non par un prêtre, mais par les Pompéiens, lorsqu'ils sont revenus, après le désastre, chercher ce qu'ils avaient oublié de précieux : ils passaient ainsi d'une chambre à une autre plus vite que s'ils eussent enlevé méthodiquement les cendres qui remplissaient les cours et les communications régulières entre les diverses parties de leurs habitations ; mais il n'y avait point de squelette qui attestât l'effort d'un fugitif devant les murs percés. Ce n'est qu'au forum triangulaire qu'on a reconnu en effet, en 1812, auprès des squelettes écrasés sous la chute du portique, une lame d'argent sur laquelle étaient gravés les figures de Bacchus et d'Isis, un sistre, un petit sceau orné de bas-reliefs relatifs

---

1 Le 8 juin 1865. (*Pompeian. ant. historia*, t. I, p. 172.)

au culte d'Isis[1]. La jambe de l'un des squelettes portait encore un anneau d'argent et un anneau de bronze plus grand.

Dans toute étude historique, les fables doivent être rejetées ; mais elles paraissent surtout puériles dans un sujet où la vérité suffit pour émouvoir. Qu'y a-t-il, par exemple, de plus touchant que le sort des malheureux qui se sont réfugiés dans le souterrain de la maison de Diomède ? Qu'y a-t-il de plus éloquent que les cadavres rencontrés par les ouvriers de M. Fiorelli sur la voie publique, et moulés par la cendre pendant leur agonie même ?

On sait que la maison de Diomède est appelée ainsi parce qu'on a trouvé à peu de distance, sur la voie des Tombeaux, une inscription funéraire qui portait le nom de Marcus Arrius Diomedes ; on a voulu que le tombeau et la maison la plus voisine appartinssent au même propriétaire, et comme cette habitation avait un jardin plus grand que les habitations de l'intérieur de Pompéi, on en a conclu que c'était une maison de campagne. Il est, au contraire, très probable que cette demeure était celle d'une famille romaine venue avec la colonie de Sylla ou d'Auguste, qu'elle faisait partie du quartier ajouté à la ville osque sous le nom de *Pagus Augusto-Felix*, et qu'elle avait été destinée non pas aux douceurs de la villégiature, mais au commerce très actif d'un marchand en gros. Ce marchand, qui approvisionnait les petites boutiques sans caves de la ville, avait fait construire trois immenses caves sur les trois côtés de son jardin (*xystus*), et ses amphores pleines de vin et d'huile y étaient rangées[2], le pied dressé dans le sable ; mais, comme cette démonstration ne peut se faire sans entrer dans beaucoup de détails, acceptons ici le nom consacré de *maison de Diomède*.

Le 12 décembre 1772, le directeur des fouilles fit déblayer l'entrée du souterrain et retirer les cendres qui le remplissaient dans toute sa hauteur. A peine se fut-on avancé, qu'on découvrit dix-huit squelettes d'adultes, un squelette de jeune garçon et celui d'un tout petit enfant. Ces vingt personnes avaient cherché un abri dans des celliers bien connus, dont la solidité défiait les pierres ponces, le tremblement de terre et la chute même de la maison ; elles s'étaient maintenues instinctivement près de la porte, soit pour entendre ce qui se passait au dehors, soit pour se tenir prêtes à profiter des circonstances favorables. En effet, tant que les pierres et les cendres tombèrent, elles avaient été à l'abri ; elles se laissèrent rame ensevelir dans leur asile par cette montagne qui obstruait les portes et tous les accès ; bientôt sans doute on viendrait à leur secours. Ce qui les perdit, sans doute, ce fut un dégagement de gaz d'autant plus perfide qu'il s'élevait doucement et les engourdissait peu à peu. Puis vinrent les pluies torrentielles qui accompagnèrent et suivirent l'éruption. L'entrepôt de Diomède n'était qu'aux deux tiers construit sous la terre ; la partie supérieure, comme celle de nos sous-sols modernes, prenait du jour sur le. jardin par une série de soupiraux grands et réguliers. Quand les pluies commencèrent à s'infiltrer à travers les pierres volcaniques qui remplissaient les jardins, elles se précipitèrent par tous ces orifices, entraînait les cendres, la terre, les parties fines et légères qu'elles rencontraient dans ce dépôt subit du volcan. Les cadavres, conservés peut-être par l'acide carbonique, furent entourés par cette inondation de boue liquide, qui montait, montait ; à un moment donné, la vase remplit si bien le souterrain, que l'eau, plus légère, fut expulsée à son tour. C'est ainsi que se déposent les terrains d'alluvion. Vraisemblablement ce fut en quelques jours que

---

1 Ernest Breton, *Pompeia*, 3e édit., p. 150.
2 Comme on était au mois d'août, la récolte du vin et de l'huile n'était pas encore faite. C'est pourquoi l'on n'a trouvé qu'une centaine d'amphores dans un cellier qui en pouvait contenir plusieurs milliers.

dut s'accomplir cette opération, car si les infiltrations s'étaient produites lentement, pendant des mois et même des années, comme dans les tombeaux de Carthage ou dans certaines catacombes de Rome, les cadavres se seraient décomposés, et le sol n'aurait gardé d'autre empreinte que celle de squelettes ou de lambeaux de chair corrompue ; mais les corps des victimes ont été moulés par les cendres délayées et aussitôt tassées avec autant de finesse que par le plâtre d'un sculpteur. Il s'est formé ce que les artistes appellent un bon creux, où les formes et l'embonpoint des hommes, les seins des femmes, ont été reproduits au moment même de l'agonie ou de la mort, — par conséquent dans leur intégrité, je dirais presque dans leur fraîcheur. Les vêtements ont laissé leur marque, accusant la finesse ou la grossièreté du tissu. La qualité de la cendre volcanique (pouzzolane), qui donne un si excellent mortier, la pression des couches superposées, ont fait durcir ce moule naturel ; il a résisté au temps, tandis que les cadavres, subissant la loi générale, s'affaissaient, se consumaient, et finissaient par ne laisser que des ossements blanchis sous cette carapace conservée pour édifier la postérité.

Hélas ! les artistes ou les savants qui assistèrent à la découverte n'eurent pas l'idée de profiter d'une telle fortune, d'arrêter les ouvriers, de refermer la brèche qu'ils avaient faite, et de verser dans les cavités qui s'offraient du plâtre délayé. Ils auraient ressuscité ainsi ce monceau de victimes, et nous auraient gardé l'image d'un drame autrement saisissant que le tableau des *Massacres de Scio* ou du *Naufrage de la Méduse*. Une inspiration aussi simple ne leur vint pas, ils se contentèrent de couper seize morceaux de terre où l'empreinte était plus jolie, de mouler des seins de femme qu'on exposa sous une vitrine du musée, d'envoyer à Portici des crânes qui avaient encore leurs cheveux, et tout fut démoli pour être emporté dans des hottes ! On avait fait toutefois quelques observations intéressantes. La plupart des morts avaient sur la tête des étoffes épaisses qui descendaient sur leurs épaules ; c'étaient les capuchons qu'ils avaient mis avant de quitter leurs demeures afin de se protéger contre la chute des pierres ponces. Deux jambes semblaient couvertes de longs caleçons, ce que nous verrons confirmé par des recherches récentes. Plusieurs pieds étaient sans souliers, d'autres n'avaient que des chaussures grossières ; et la qualité des vêtements dénonçait des esclaves ou des gens pauvres. Toutefois une femme plus riche et plus élégante fut reconnue à la finesse des tissus qui avaient laissé également leur empreinte sur la cendre avant d'être consumés par l'humidité. Auprès d'elle furent retrouvés vingt-huit monnaies, deux bracelets d'or, un collier avec une bulle, des bagues avec des pierres gravées, etc.[1] On ne manqua pas de dire que c'était la fille de Diomède.

Des exhalaisons méphitiques (*mofeta gagliardissima*), reproduction sur une petite échelle du phénomène de l'an 79, arrêtèrent tout à coup les travailleurs. Il fallut fuir jusqu'à ce qu'on pût aérer ce lieu dangereux. On reprit les fouilles au dehors, afin de dégager le jardin et les soupiraux des celliers. En faisant ce travail, on recueillit des ossements humains à des places diverses. Le *Journal des fouilles* ne fait guère que les indiquer : on peut le consulter en se référant aux dates suivantes : le 9 février 1773, un squelette fut trouvé sous la première couche de cendres, auprès de lui une pièce d'or, quatre boucles d'oreilles communes et quarante-trois monnaies consulaires d'argent enveloppées dans un morceau de jonc tressé ; le 13 février, à côté d'un autre squelette, gisait dans une chambre presque vide celui d'un petit enfant portant au doigt une bague d'or ; le 20

---

[1] Le détail des objets recueillis dans ce souterrain est donné par les inventaires manuscrits que M. Fiorelli a publiés, t. I, p. 268 et 269.

février, ce sont quatre squelettes qui apparaissent, l'un d'eux avec une bague de fer ; le 29 mai, un nouveau squelette atteste qu'un malheureux a cherché un abri dans le corridor qui mène au jardin, peut-être était-ce le jardinier, car il a été suivi par la chèvre favorite, sa clochette de bronze au cou ; enfin le 30 juillet 1774, le 21 octobre et le 5 novembre de la même année, d'autres victimes sont reconnues soit dans les habitations voisines, soit sur la voie publique : on a compté de ce côté plus de trente-trois cadavres. Il est évident que le faubourg de Pompéi a été le théâtre de grandes douleurs. Pris entre Pompéi, que secouait le tremblement de terre, Oplonte et Herculanum, qu'accablait un désastre plus effroyable encore, et le Vésuve, qui menaçait de tout ensevelir, les pauvres gens qui n'avaient pu ni monter sur des barques ni fuir à temps vers les montagnes de la côte opposée, attendirent éperdus une mort qui les poursuivait sous tant de formes. Ceux qui s'étaient réfugiés dans les celliers de Diomède périrent noyés ; ceux qui restaient au rez-de-chaussée, montaient aux étages supérieurs, ou couraient sur la couche de pierres ponces qui recouvrait la voie publique, furent asphyxiés la plupart par les gaz que leur pesanteur portait naturellement dans cette vallée, car la descente est rapide depuis les murs de Pompéi jusqu'à la maison de Diomède. Le tremblement de terre fit le reste.

Si nous nous transportons dans un autre quartier de la ville, du côté des bains découverts il y a dix ans et de la rue de Stabies, des révélations inattendues prêtent à notre enquête un intérêt tout à fait dramatique. On déblayait une ruelle qui était désignée alors sous le nom de *vicolo del tempio di Augusto*, et qu'on appelle aujourd'hui *vicolo dei Scheletri*. Le 5 février 186 3, M. Fiorelli fut averti que les ouvriers avaient rencontré une cavité au fond de laquelle apparaissaient des ossements. Inspiré par un trait de génie, car si simple que fût l'idée, personne ne l'avait eue avant lui, M. Fiorelli arrêta les travaux, fit délayer du plâtre qu'on laissa couler dans cette cavité et dans deux autres qu'on avait observées plus loin. Lorsqu'elles furent remplies et que le plâtre eut eu le temps de se durcir, on enleva avec précaution la croûte de cendres, et l'on vit les moulages de quatre cadavres presque aussi exacts que des moulages faits d'après des statues : un homme, une femme, deux jeunes filles, dont l'une était presque un enfant, avaient été foudroyés sur la voie publique, et reposaient sur la couche de pierres ponces qui recouvrait déjà la rue. Évidemment ils avaient attendu la fin du déluge de pierres, cachés dans leurs maisons. Aussitôt que cette grêle avait fait place à une pluie de cendre fine plus supportable, ils étaient sortis par les fenêtres ou par les terrasses, et s'étaient acheminés péniblement, à travers les ténèbres, sur un sol mobile où leurs pieds s'enfonçaient. Tout à coup ils rencontrèrent une colonne de gaz sulfureux ou de gaz acide carbonique et tombèrent asphyxiés. La mort fut subite, la cendre recouvrit leurs cadavres encore chauds et modela leurs contours.

Plus tard, en 1868, M. Fiorelli put renouveler cette opération sur un corps trouvé dans une chambre de la maison de Gavius Rufus, à gauche de l'atrium. C'était un homme ; malheureusement il était étendu sur les pierres ponces, dont les aspérités et les interstices sont rebelles à l'empreinte. Tombé sur la face, il ne montre aujourd'hui qu'une tête provocante et terrible, presque entièrement dépouillée de chair, les dents serrées. Ses deux mains crispées paraissent étreindre encore le sol et s'y enfoncer pendant une dernière convulsion. L'agonie a été douloureuse ; elle a une éloquence cruelle, ou y croit assister. Le cadavre est en grande partie nu, du moins la tunique est remontée pendant la lutte suprême, et s'est enroulée sur le dos. La jambe droite, seule reproduite par le moulage, est nerveuse, tendue, bien faite. Une bague de cuivre est encore passée au petit doigt de la main.

Les quatre cadavres découverts en 1863 sont mieux conservés, parce qu'ils reposaient, sur la cendre et non sur les pierres ponces. Le premier est celui d'une femme tombée sur le dos. Bien que ses traits soient peu distincts, on reconnaît qu'elle a souffert et qu'elle a été étouffée. Son visage cherche l'air, et sa tète semble se soulever vers le ciel. La main droite crispée s'appuie sur la terre ; le bras gauche veut repousser un ennemi invisible, tout annonce la suffocation. Une tresse de cheveux forme une couronne autour de la tète. La poitrine est maigre ou plutôt aplatie, comme il est naturel chez une personne renversée sur le dos, et dont les seins sont pressés par une couche de cendres plus lourde d'heure en heure. Les manches de la tunique s'attachent par des courbes harmonieuses ; mais les doubles boutons de verre qui retenaient chaque arc de cercle sont tombés quand l'étoffe a été consumée par le temps[1]. Pour mieux fuir, la malheureuse avait relevé ses vêtements, qui forment un paquet sur le ventre et font paraître la taille et les hanches plus fortes. On dirait même, au premier aspect, qu'elle est enceinte. Les cuisses sont recouvertes d'une étoffe fine qui constitue un véritable caleçon. Ce qu'on avait cru remarquer sur les empreintes du souterrain de Diomède devient ici un fait certain. En y réfléchissant, le costume antique était si transparent chez les femmes, si court chez les hommes, si sujet aux accidents de. la vie en plein air, que le caleçon ou un équivalent étaient nécessaires pour que la pudeur ne fût pas à chaque instant blessée. La sculpture n'avait point à tenir compte du caleçon, qui disparaissait sous le costume ; toutefois, sur la colonne Trajane, on était déjà averti que les soldats romains en portaient ; à Pompéi, ou constate que même les esclaves et les femmes du peuple avaient ce vêtement, qui surtout alors était indispensable.

Pour achever de décrire notre Pompéienne, ajoutons qu'elle est grande, élégante, que sa jambe gauche, mieux rendue par le moulage, est bien prise et charmante, que le pied est admirablement cambré, qu'il est encore chaussé, que, pour marcher sur les pierres et les ruines, elle avait pris, parai ses brodequins, ceux dont la semelle était plus forte. Une bague d'argent est à son doigt. Auprès d'elle, on a ramassé des boucles d'oreilles, un miroir d'argent et une statuette, faite d'un seul morceau d'ambre, représentant un petit amour. Ce petit amour est enveloppé d'un manteau ; sa chevelure forme sur le front trois rangs de boucles, et retombe nouée sur le dos d'une façon qui rappelle tout à fait les perruques à la Voltaire. Un bagage aussi singulièrement choisi dans un péril suprême, le voisinage d'une maison de prostitution, ont fait supposer que celte femme, coquette et habitant un quartier mal famé, était une courtisane. Les preuves sont légères ; laissons en paix, non pas les morts, qu'il nous faut interroger toujours, mais leur mémoire.

Les trois autres cadavres étaient tombés dans deux endroits différents. En avant marchait en éclaireur un homme d'un certain âge, le père peut-être des jeunes filles qui le suivaient, et qui sont mortes ensemble. Il tenait à la main les boucles d'oreilles de ses deux compagnes, quelques pièces de monnaie et la clef de la maison. Il est de basse condition, car il ne sorte qu'une bague de fer au doigt. D'une taille au-dessus de la proportion ordinaire, il n'a pas loin de six pieds. Ses pommettes sont saillantes, ses sourcils très marqués ; sa bouche, surmontée de moustaches, lui donne l'air d'un 'vieux soldat ; les lèvres semblent faire un effort pour respirer, les paupières sont intactes, et les yeux ouverts comme s'il souffrait encore. Renversé sur le dos, ce géant a voulu se relever en s'appuyant sur le coude, et il a ramené sur sa tête un coin de son manteau pour se protéger soit contre la cendre, soit contre le gaz qui l'étouffait. L'expression est bien celle de la

---

[1] On sait qu'on retrouve à Pompéi des milliers de boutons de ce genre.

suffocation ; ainsi dut mourir Pline. Le manteau couvre la poitrine et le bras droit, tandis qu'un paquet d'étoffe sur le nombril annonce qu'il avait relevé ses vêtements pour être plus leste. On voit donc ses jambes, maigres et vigoureuses, une sorte de caleçon collé à la peau et des souliers garnis de gros clous.

Mais le spectacle le plus touchant ce sont les deux sœurs, qui couraient à quelques pas derrière ce colosse, se soutenant l'une l'autre, respirant le même poison, s'affaissant du même coup et mourant les pieds enlacés. La plus âgée s'est couchée sur le côté, comme pour dormir. Deux anneaux de fer passés à ses doigts attestent sa pauvreté, son oreille écartée et large son origine prolétaire. Sur les cuisses, on reconnaît un caleçon assez fin ; au contraire l'étoffe du reste des vêtements est grossière, déchirée par places, niais elle laisse voir des chairs fermes et polies, des contours d'un réalisme presque embarrassant qui rappelle le modèle dans l'atelier. C'est bien une femme nue qu'on tient sous son regard, et l'on serait exposé à rougir, si la nudité n'avait pour voile tant d'infortune, si l'indiscrétion n'était purifiée par la pitié. L'autre jeune fille n'avait pas encore quatorze ans : elle est tombée sur le ventre, en étendant ses bras comme une protection ou comme un oreiller. Une main crispée atteste la souffrance ; l'autre main tient serré sur le visage un pan de robe ou un mouchoir, comme si elle avait espéré se préserver du souffle méphitique ; ses deux pieds battent l'air, pris dans les plis de la tunique ; on voit cependant se dégager un soulier de drap brodé, à quartier, déchiré sur un côté. Son petit corps si tendre est déjà séduisant ; de beaux reins, des épaules justes et bien prises, une grâce naissante, rappellent la *joueuse d'osselets* ou la *Nymphe à la coquille* ; la coiffure est celle des Italiennes de la montagne, une natte ramenée sur le milieu du crâne. Ce tableau pathétique est un drame tout entier. Il ne faut songer ni aux momies serrées dans leurs bandelettes et pétries de bitume, ni aux figures de cire imitées avec une odieuse exactitude. C'est un groupe d'un mouvement vrai, d'une expression saisissante ; la nature a été moulée sur le vif, entre l'agonie et la mort ; les attitudes et une naïveté imprévue de composition feraient réfléchir les plus grands artistes.

Ah ! si depuis un siècle les prédécesseurs de M. Fiorelli avaient moulé ainsi tous les cadavres qui se présentaient dans des conditions favorables, s'ils avaient sondé les cavités et les avaient remplies de plâtre avant de les détruire, on aurait un musée anthropologique qui révélerait tout ce qu'on souhaite de savoir sur la race, la beauté, le costume, le sort des habitants de Pompéi. Les circonstances qui ont causé ou accompagné leur mort étant rapprochées, on pourrait reconstituer l'histoire de ce désastre qui a étonné le monde. Tout n'est pas désespéré : il est encore possible de faire ces études méthodiques, et même dans un sol qui s'y prête mieux que celui de Pompéi ; j'essayerai de le montrer prochainement.

V. — LE SORT DE POMPÉI.

L'humanité, qui aime à tout simplifier, s'arrête peu devant les catastrophes ; elle les décrit, les classe et n'y songe plus. On s'étonne parfois de l'indifférence des écrivains qui, après avoir raconté les péripéties d'un naufrage et peint vivement le spectacle d'un grand désastre, ne s'inquiètent plus des conséquences. De même à Pompéi nous n'avons d'attention que pour les victimes, sans nous occuper de ceux qui ont survécu. Les morts obtiennent toute notre pitié ; mais les vivants étaient-ils moins misérables ? Que sont devenus tant de milliers de citoyens qui avaient perdu leur fortune, leurs champs ; leur maison et jusqu'au sol de leur patrie ? J'avoue que cette partie du drame, pour avoir été rejetée dans l'ombre, n'excite pas moins mon intérêt. Mon imagination se porte au delà des faits mentionnés par les auteurs ; elle cherche quelques points fixes pour rattacher ses hypothèses ; elle demande à l'archéologie de suppléer au silence des historiens, car tel est son rôle, et de retrouver les traces d'un passé que les hommes ont effacé de leur mémoire.

Les lettres de Pline le Jeune nous apprennent que son oncle mourut le second jour de l'éruption, que ses compagnons, qui s'étaient enfuis vers Sorrente, ne revinrent que trois jours après, et qu'ils retrouvèrent son corps intact sous un linceul de cendres. Les phénomènes volcaniques durèrent-ils en effet cinq jours ? Cela est probable, surtout au pied même du Vésuve. Nous voyons combien se prolongent certaines éruptions violentes dont les modernes ont été les témoins. Celle de 1779, que sir William Hamilton a décrite dans son bel ouvrage[1], a été en croissant d'intensité pendant quatre jours. Le docteur Clarke a pu observer une autre éruption du 22 août au 5 septembre 1793. Il faut faire en outre la part des pluies, des émanations sulfureuses, de la stupeur des infortunés qui s'étaient réfugiés sur la montagne, dans les villes voisines et dans les îles, des nouvelles contradictoires répandues par les pêcheurs qui se risquaient à s'approcher sur leurs barques et par les messagers qui, sur la terre ferme, n'osaient pousser trop loin leurs explorations. Après ces délais, les Pompéiens qui avaient échappé à la mort voulurent évidemment revoir les lieux d'où ils. avaient emporté de si tragiques souvenirs, mais où ils 'avaient laissé tout ce qui était nécessaire à la vie. Les hommes partirent seuls, comme il était naturel, confiant à leurs hôtes les femmes et les enfants. Ils retrouvèrent leur ville, mais dans quel état ! La plupart des maisons étaient restées debout ; celles qui s'étaient écroulées étaient déjà ensevelies ; douze pieds de pierres ponces et trois pieds de cendres recouvraient uniformément le sol. Les champs et les jardins n'existaient plus : la place en était marquée par un tapis grisâtre d'où sortaient la pointe des arbustes étouffés et les branches des grands arbres, dépouillées de leurs feuilles avant la saison. Les maisons plus petites étaient enterrées jusqu'au toit ; mais toutes celles qui avaient un étage (c'était l'immense majorité) et qui avaient résisté aux secousses du tremblement de terre, étaient facilement accessibles. Les rues existaient toujours, le niveau seul en était déplacé. Les rez-de-chaussée, les boutiques, les entresols avaient disparu ; les étages supérieurs, les balcons, les terrasses, formaient la bordure à droite et à gauche et étaient devenus des rez-de-chaussée : on y entrait de plain-pied par les fenêtres.

Après les douleurs du retour et les premières impressions d'un pareil spectacle, il fallut s'établir sur les ruines. Plus d'un toit s'était effondré, mais beaucoup

---

[1] *Campi Phlegrœi*, p. 63.

d'autres pouvaient servir d'abri. Les chambres voûtés avaient mieux résisté ; les terrasses, faciles à balayer, offraient un lieu de campement. On attendit les nouvelles de Rome. Que fera l'empereur ? C'était l'idée qui venait à tous les esprits sous l'empire. Or l'empereur était Titus, si doux et si prodigue depuis qu'il régnait seul et se sentait seul responsable de l'amour ou de la haine des hommes. Titus, en effet, fut ému par le récit d'un événement inouï. Il envoya aussitôt, avec des pouvoirs étendus et de l'or, des personnages considérables, qui avaient rempli les fonctions de consul. Par malheur, un incendie éclata peu de temps après et dévora les plus beaux quartiers de Rome ; la peste survint, qui ravagea la capitale du monde. Dès lors toutes les ressources du trésor et toute l'attention de l'empereur furent absorbées, et Pompéi oubliée. Un édit impérial permit d'appliquer au déblai des villes du Vésuve les biens de ceux qui étaient morts sans héritiers ; en outre, les habitants furent déclarés exempts d'impôts pour un certain nombre d'années. Le fisc ne pouvait faire d'autres sacrifices.

Que devinrent les Pompéiens, livrés à eux-mêmes avec ces encouragements que la fortune rendait dérisoires ? C'est ici que le témoignage de l'archéologie est précieux, parce que l'histoire nous laisse dans une ignorance absolue. Or l'archéologie montre, par des traces irrécusables, que les Pompéiens employèrent un certain temps, non pas à déblayer leur ville, mais à la fouiller. Chacun était chez soi, du moins chacun de ceux qui étaient revenus ; chacun, logé à l'étage supérieur, conduisant ses esclaves et des manœuvres qui furent expédiés de toutes parts, put pénétrer, en creusant la cendre, dans son rez-de-chaussée et y rechercher les meubles, les ustensiles, les vêtements, les objets précieux qu'il y savait enfouis. Le souvenir des lieux était trop frais pour qu'on ne se dirigeât pas à coup sûr. Quel propriétaire aurait oublié l'emplacement de son triclinium, de la table de bronze incrustée d'argent, des candélabres bien ciselés, de l'argenterie, ou celui du salon avec ses riches ornements, ou celui de la bibliothèque avec ses rouleaux de papyrus rangés dans des boîtes de métal, ou les chambres dont les armoires étaient pleines d'étoffes, de parures, de lapis, ou les magasins garnis de provisions et de denrées protégées par les flancs épais des tonneaux en terre cuite et des jarres ? Les preuves de l'activité de ces fouilles abondent.

On ne remarque pas assez, lorsqu'on visite Pompéi, que les murs qui séparent certaines chambres des chambres voisines sont percés d'un trou irrégulier, fait à la bille, et assez grand pour laisser passer un homme. Afin d'abréger leur travail, les Pompéiens pénétraient ainsi d'une pièce dans une autre ; au lieu de déblayer les portes, les corridors, les portiques, pour aller d'appartement en appartement, ils faisaient comme les voleurs grecs, qu'on appelait *perceurs de murailles* (τοιχωρύχοι). A mesure qu'une salle était visitée, ils pratiquaient un trou dans le mur de la salle contiguë et la dépouillaient à son tour. Les modernes qui fouillent Pompéi savent bien, lorsqu'ils aperçoivent un mur ainsi troué, qu'ils n'ont rien à espérer en enlevant les cendres ; ils les enlèvent pour suivre le plan tracé, et ne recueillent en effet que des débris sans importance. Au contraire, si les murs sont intacts, c'est-à-dire si le propriétaire a péri ou n'a pas jugé bon de revenir, les découvertes sont presque certaines.. Les seules pièces que les propriétaires aient presque toujours négligé de visiter sont les celliers et les cuisines ; c'est pourquoi les amphores, les vases de terre cuite, les casseroles, les poêlons, les chaudières de cuivre, dédaignés parce qu'ils avaient peu de valeur, figurent en si grand nombre au musée de Naples. Quant aux lampes d'argile et de bronze, emportées de tous côtés pour conjurer les ténèbres qui avaient duré plusieurs jours, on savait ne plus les retrouver à leur place habituelle. Au mois de janvier

1870, j'assistais au déblai de plusieurs chambres percées de la serte. Quoiqu'elles fussent richement décorées, on n'y a rien trouvé, tandis que dans un corridor voisin qui n'avait point attiré l'attention des Pompéiens, parce que d'ordinaire un corridor ne sert que de passage, on a vu reparaître des vases de bronze, des amphores avec des inscriptions, des objets en verre, un sac de monnaies, que le possesseur y avait serrés à la hâte et qu'il n'a jamais pu reprendre, car son squelette a été recueilli dans une autre partie de la maison.

Les modernes se figurent Pompéi enfouie à une profondeur exagérée. Sept mètres seulement recouvrent le sol antique, et encore, sur ces sept mètres, deux ont-ils été déposés par les éruptions postérieures à l'an 79 : donc en l'an 79, cinq mètres de cendres ne pouvaient suffire pour cacher aux Pompéiens les emplacements et les détails de leurs habitations, émergeant comme du milieu d'un manteau de neige. Qu'on s'imagine une petite ville de France d'où les habitants ont été chassés par une inondation : les eaux retirées, ils sent revenus, et trouvent tout enseveli sous quinze pieds de sable et de limon. Les rez-de-chaussée sont invisibles, on se promène à la hauteur des fenêtres du premier étage ; mais aucun habitant n'est embarrassé pour retrouver sa demeure et marquer les yeux fermés les places où il faut creuser pour retirer chaque meuble et chaque objet précieux. La même chose est arrivée à Pompéi ; seulement la pierre ponce et la cendre n'avaient rien gâté, et les remuer était un jeu.

A mesure que les citoyens opulents et les marchands avaient reconquis leurs richesses, ils les emportaient ; ils fuyaient cette terre inhospitalière qui ne pouvait ni nourrir ses habitants, ni même reverdir ; ils comptaient sur-leur industrie, sur leurs relations commerciales, sur leurs amis, pour s'établir dans les pays voisins ; ceux qui vivaient du travail de leurs esclaves les emmenaient avec eux, et savaient qu'ils en tireraient partout un bon revenu. Les pauvres, qui n'avaient ni correspondants, ni amis, ni esclaves, craignaient de s'éloigner ; d'ailleurs l'attachement au sol natal est si grand dans tous les temps, qu'on voit les villes détruites par des fléaux constants se relever à la même place. C'est ainsi que Portici s'étend au-dessus d'Herculanum, et que Torre dell' Annunziata, onze fois brûlée par les courants de lave, a été onze fois rebâtie ; on y a même ajouté une poudrière. Un certain nombre de citoyens s'unirent donc pour refaire une autre Pompéi, profiter des immunités que leur assurait le fisc impérial, et fouiller à l'aise les maisons sans maîtres que l'édit de Titus leur abandonnait. Le municipe possédait plus haut, sur le Vésuve, un territoire que la cendre n'avait point atteint et qu'on pouvait labourer. Protégés par les magistrats romains, aidés par les curateurs que l'empereur avait envoyés, ces Pompéiens fondèrent une nouvelle ville, plus chétive, située au nord de l'ancienne. M. Fiorelli a signalé les ruines de cette quatrième Pompéi[1] et M. Ernest Breton nous avertit qu'elles ont été reconnues entre *Bosco réale* et *Bosco tre Case*[2]. Il parait, en effet, qu'on a découvert en ce lieu des ruines trop considérables pour être celles d'une villa ; on aurait dit un gros bourg fait à la hâte, avec des matériaux très divers, sans art, à une époque de décadence. Par un contraste singulier, les objets en marbre et en bronze, les lampes et les ustensiles qu'on recueillait dans le même lieu, avaient une élégance et un style bien supérieurs, qui rappelaient le premier siècle de notre ère. On s'explique cette opposition, si l'on admet que la mauvaise

---

[1] *Giornale degli Scavi di Pompei*, 1861, p. 57. Les trois Pompéi qui ont précédé sont : 1° la ville des temps antéhistoriques que je suppose ensevelie sous les premières éruptions, 2° la ville renversée en 63 par un tremblement de terre, 3° la ville qui nous a été conservée par l'éruption de l'an 79.

[2] *Pompeia*, 3e édit., p. 20.

architecture est le fait de pauvres gens qui ont réédifié et entretenu jusqu'au Bas-Empire leur humble cité, et que les belles sculptures, les meubles, les œuvres d'art, provenaient des fouilles de l'ancienne ville.

Il paraît même certain que des travaux réguliers d'investigation furent conduits par les magistrats du nouveau municipe. Le forum, par exemple, a été dépouillé méthodiquement de son dallage en travertin ; quelques dalles engagées sous les piédestaux sont seules restées comme un témoignage ; toutes les autres ont été emportées pour parer la place de la cité nouvelle. De même les colonnes de divers édifices, celles du portique d'Eumachia, qui est contigu au forum, les revêtements de marbre, tant des édifices que des piédestaux de statues, ont été enlevés avec le même soin. En y réfléchissant, rien n'était plus naturel. Pendant plusieurs siècles, la vieille Pompéi servit ainsi de carrière ; les recherches étaient toujours lucratives, elles se renouvelaient de temps à autre selon les besoins. On a lu à l'entrée d'une maison ainsi visitée l'inscription suivante, tracée à la pointe sur le stuc : ΔΟΥΜΜΟΣ ΠΕΡΤΟΥΣΑ, avertissement qui semble signifier, dans son style barbare, *maison ravagée, défoncée*[1]. Or, les caractères de cette inscription sont ceux du IIIe siècle de l'ère chrétienne. Ce seul indice a fait supposer à certains critiques, bien à tort, que l'empereur Alexandre Sévère avait fait fouiller Pompéi, afin d'en tirer les colonnes et les marbres nécessaires aux constructions qu'il entreprenait à Rome. Pompéi, de si petite proportion, peu somptueuse dans ses matériaux, revêtue surtout de stuc et déjà dépouillée, aurait bien vite déçu l'espoir d'un fastueux césar.

Qu'advint-il plus tard du municipe reporté sur les flancs du Vésuve ? A quelle époque fut-il détruit ou enseveli à son tour ? Fut-ce sous Théodoric ou sous Justinien, pendant des éruptions si violentes qu'on prétendit que les cendres du Vésuve avaient été portées par le vent jusqu'à Constantinople ? Fut-ce en 612, en 685, au Xe siècle ou au XIe ? car le moyen âge a vu aussi des cataclysmes volcaniques, et c'est à cette époque que saint Janvier, protecteur de Naples, devint l'objet d'un culte si fervent ; les Napolitains tremblants ne demandaient qu'à lui seul leur salut. Un jour, la quatrième Pompéi disparut sans avoir laissé d'autres traces que celles que l'on a récemment constatées. Quant à la ville ensevelie sous Titus, elle fut un peu plus enterrée après chaque convulsion du Vésuve. Comme, d'un autre côté, les paysans du voisinage ne cessaient de démolir tout ce qui sortait du sol pour en tirer des tuiles, des briques, des matériaux faciles à transporter, l'heure vint où l'on ne vit plus qu'un vaste plateau de cendres d'où sortait un pan du théâtre et le sommet de l'amphithéâtre. La végétation avait commencé sur ces cendres, fécondées par la chaux et la poussière des ruines : la culture fit le reste. L'ignorance aidant, on ne songea plus qu'une ville découronnée dormait sous les champs de blé, les vignes et les ormeaux. Les temples de Pæstum avaient bien été oubliés depuis que l'évêque s'était transporté à Capaccio avec le reste d'une population décimée par la fièvre. Les voyageurs du XVIIIe siècle découvrirent Pæstum aussi sincèrement que les navigateurs découvrent un nouveau monde. Pompéi fut effacée de la mémoire des hommes au point que le nom même de *Civitá*, par lequel les gens du pays désignaient cc monticule verdoyant, n'avait plus de sens pour personne. En 1592, l'architecte Domenico Fontana, qui avait érigé l'obélisque du Vatican et dont on voit le buste sous le porche de l'église de Monte Oliveto, construisait un aqueduc pour conduire l'eau du Sarno jusqu'à Torre dell' Annunziata. En creusant pour les eaux un chemin souterrain qui existe et sert toujours, il traversa Pompéi depuis l'amphithéâtre jusqu'au forum et au temple de Vénus. Il n'y fit aucune

---

1 Fiorelli, *Giornale degli Scavi di Pompei*, 1863, p. 42.

attention, non plus qu'à une inscription qui portait le nom de *Venus Pompeiana*. En 1689, Giuseppe Macroni signala quelques traces de constructions, une serrure dévorée par la rouille, une pierre avec le mot de Pompéi. Il en conclut que cette pierre appartenait à quelque monument consacré au grand Pompée. Enfin, en 1748, le gouvernement, averti par les découvertes d'un paysan qui, en creusant un fossé, avait ramassé un Priape de bronze et un petit trépied, fit entreprendre des fouilles ; l'ingénieur don Rocco Alcubierre et ses contemporains croyaient retrouver Stabies.

Ce fut le 30 mars 1748 qu'Alcubierre fut autorisé par le roi Charles III (don Carlos d'Espagne) à tenter cette exploration. Herculanum, connue depuis 1721, fouillée depuis 1738, avait ouvert tous les yeux. Le roi comptait enrichir plus vite le musée qu'il fondait à Portici, et dont Herculanum faisait seule les frais. Alcubierre commence aussitôt un journal et met en titre *Cava de la Città*, ce qui indique qu'il n'attache pas de sens au mot *città*, qu'il le considère comme un nom propre dénué de sens, ainsi que la plupart des noms de localité : autrement, le journal étant rédigé en espagnol, il aurait mis en tête *Cava de la Ciudad*. Le 17 avril, on rencontre dans la rue de la Fortune le premier cadavre ; le 6 juillet, on est arrêté par des exhalaisons de gaz acide carbonique ; le 25 novembre, on commence à déblayer l'amphithéâtre, qui était apparent et qu'Alcubierre appelle l'*amfiteatro de Estabia*. Deux ans après, les travaux sont abandonnés. On lit à la date du 22 septembre 1750 : J'ai décidé de retirer quelques ouvriers que j'avais à l'Annonciade, parce que depuis longtemps on n'a rien trouvé de substantiel, *cosa sustancial*. En 1754, quatre hommes remuent la terre du 9 au 13 novembre, et sont de nouveau rappelés. Enfin, le 30 mars 1755, les fouilles reprennent parce qu'un habitant du pays a rencontré une colonne de vert antique ; on s'empare de la place, on cherche et l'on recueille trois colonnes semblables qui sont envoyées à Portici. Ce n'est que le 27 novembre 1756 que le nom de Pompéi se glisse pour la première fois sous la plume du rédacteur du journal : *Entre los edificios arruynados de la Pompeana*. Enfin, le 20 août 1763, une inscription monumentale apparaît auprès du tombeau de Mammia. Sur un piédestal de travertin, il est déclaré que T. Suédius Clemens a restitué au municipe des Pompéiens, *reipublicæ Pompeianorum*, les terrains envahis par les particuliers ; selon toute vraisemblance, ces particuliers étaient les colons envoyés de Rome et établis de ce côté. Dès lors, le doute n'était plus permis.

Le premier effet de cette révélation fut de reporter plus loin la curiosité, je devrais dire l'avidité ; on alla interroger le véritable emplacement de Stabies. On espérait y faire une abondante moisson d'objets propres à flatter les goûts du souverain ; on se souciait peu de pénétrer les secrets de l'antiquité, on n'avait ni plan ni méthode, on recouvrait à mesure et parfois l'on détruisait ; on ne voulait que des matières rares pour orner le palais, ou des œuvres d'art pour enrichir le musée'. Stabies déçut cet espoir ; on y fit peu de trouvailles, les terres étaient partout cultivées, les expropriations coûtaient trop cher ; on reconnaissait non une ville, mais des maisons disséminées qui rappelaient qu'après le siège et les ravages de Sylla, Stabies avait cessé d'être une cité pour devenir un bourg, et plus tard un lieu de plaisance. On revint à Pompéi, et le 14 juillet 1764 le journal des fouilles est pour la première fois rédigé en langue italienne, sans que la direction des Italiens fût plus louable que celle des Espagnols. Pendant toute la fin du XVIIIe siècle, les fouilles furent conduites avec si peu de respect pour les monuments, qu'elles ressemblaient à un pillage. On enlevait tout ce qui paraissait digne d'être enlevé, et l'on enfouissait à mesure une maison dépouillée sous les cendres de la maison voisine qu'on voulait dépouiller. C'est pour cela que les rapports de ceux qui surveillaient les travaux (*soprastanti*), contiennent bien plus d'inventaires que de descriptions. Les inventaires étaient une précaution contre leurs agents, une garantie pour eux-mêmes, une sécurité pour le prince qui les employait. On pouvait s'assurer chaque soir que le nombre et la qualité des objets envoyés à Portici s'accordaient avec le nombre et la qualité consignés sur les catalogues manuscrits. Du reste, le récit d'une visite faite à cette époque par un grand personnage, donnera une idée plus juste de l'état des lieux.

Le 7 avril 1769, l'empereur Joseph II se rendit à Pompéi, accompagné par le roi Ferdinand IV, son beau-père, la reine, le comte de Kaunitz, le chevalier Hamilton, ministre d'Angleterre, l'antiquaire d'Hancarville[1], l'ingénieur F. de La Vega, etc. On débuta par la caserne des gladiateurs, dont le périmètre intérieur seul avait été déblayé. L'empereur s'étonna qu'on eût laissé l'espace intermédiaire enseveli sous une montagne de cendres. La Vega lui fit remarquer que les travaux étaient assez récents, parce que là jadis s'élevait un bois touffu qu'il avait fallu abattre. On passa ensuite dans une maison dont on avait dégagé quatre chambres ; comme ces chambres avec leurs peintures étaient intactes, on s'était arrêté à deux palmes (27 centimètres) au-dessus du sol, ce que l'on fait toujours à Naples lorsqu'on prévoit l'arrivée de quelques personnes de distinction. Dès que l'empereur parut, des ouvriers enlevèrent rapidement ce qui restait de pierres ponces, et l'on recueillit une feuille d'argent avec des figures en léger relief, des vases de bronze, un moule pour la pâtisserie, cinq gonds, une serrure, neuf monnaies, une clé, un morceau de tuyau de plomb, un vase de verre dont le bord seul était brisé, deux boutons de verre, cinq morceaux de flûte (lisez cinq *charnières*), une plaque d'ivoire sur laquelle était gravé un ornement, deux plats en terre, une lampe, une tête de Jupiter en terre cuite, quelques débris de talc (c'étaient les vitres du temps), d'autres objets d'importance moindre encore, qui sont mentionnés dans l'inventaire du 7 avril[2]. L'empereur doutait ; il croyait qu'on lui avait préparé cette surprise, son expérience lui rappelait qu'on trompe d'autant plus volontiers les souverains que c'est pour leur plaire ; il fallut lui prouver par la situation des objets, la qualité des terrains, la relation des trouvailles faites journellement, qu'on n'avait point flatté sa fortune (*adulare la fortuna*). En effet, dans les deux chambres suivantes, on ne trouva qu'un squelette et deux monnaies. De là on passa au théâtre, dont une partie de la scène était seule visible ; l'épaisseur des cendres qui remplissait tout le reste était telle, que Joseph II ne put s'empêcher de demander combien d'ouvriers étaient employés, et de s'écrier, en entendant qu'ils étaient trente, qu'il faudrait employer trois mille. Cette critique était juste, car le roi des Deux-Siciles ne dépensait guère que 8 ou 10,000 livres par an pour les villes du Vésuve. L'Odéon, à peine reconnaissable, le temple d'Isis, donnèrent lieu aux mêmes regrets, et l'empereur ne cessa de presser le roi de prendre plus d'intérêt à de tels travaux ; ses instances devinrent presque de l'indignation quand, à la porte de la ville, La Vega lui montra le plan des édifices qu'on avait explorés, puis recouverts. Ferdinand IV répondit que cela s'était fait sous le règne de son auguste père, et l'ingénieur vint au secours du roi en assurant que l'on avait agi avec cette négligence tant qu'on ignorait quelle ville on dépouillait, mais que depuis six ans l'on savait avec certitude que c'était Pompéi, et que dès lors les monuments découverts avaient été respectés et demeuraient accessibles.

---

[1] C'est celui qui a publié les *Vases d'Hamilton*. La Vega estropie son nom et l'appelle d'Ancrevil.

[2] *Pompeianarum antiquitatum historia*, t. I, p. 223.

Malgré ces belles protestations, la direction des fouilles ne fut guère plus intelligente ni l'argent plus abondant tant que les Bourbons régnèrent à Naples. Cependant le goût de l'archéologie faisait des progrès dans le reste de l'Europe. Pour éviter les critiques des étrangers, on tenait à un secret rigoureux, on écartait les visiteurs ; les plus influents ne pénétraient que par force, les plus riches qu'en se soumettant à de singulières exactions. Le spectacle qu'ils avaient alors sous les yeux récompensait mal leurs efforts ; au milieu de tranchées mesquines et de ruines non entretenues erraient languissamment des condamnés enchaînés deux par deux et quelques esclaves mahométans pris aux Barbaresques. Il fallut une révolution et la présence des Français pour imprimer aux recherches une marche plus active. La France, partout où elle a porté ses armes, a porté aussi, comma excuse, l'amour des arts et de l'antiquité. Ses savants, les premiers, avaient tiré l'Égypte de son linceul ; ils devaient accompagner un jour nos armées en Grèce, en Afrique, en Syrie ; ils donnèrent alors aux Italiens eux-mêmes l'exemple du zèle et de la méthode. De même qu'à Rome les fouilles les plus considérables avaient été entreprises par les généraux ou les préfets français, de Même la résurrection véritable de Pompéi date de l'occupation française1. Le général Championnet, lorsqu'il vint fonder la république parthénopéenne, songea aussitôt à Pompéi. Par son ordre furent déblayées les deux maisons auxquelles on a donné son nom. Après une réaction sanglante, les Français revinrent en 1806, et sous le règne de Joseph Napoléon, c'est-à-dire jusqu'au 23 mai 1808, plus de 150 ouvriers furent employés, sans compter les enfants, qui couraient avec leurs petites corbeilles de jonc sur la tête. Murat porta ce nombre à 600, et allouait pour les fouilles plus de 100,000 francs par an. La reine Caroline suivait les travaux avec passion, elle encourageait tout le monde, se rendant chaque semaine sur les lieux. C'est alors que les monuments principaux, le forum, les murs d'enceinté, la voie des Tombeaux, sont remis en honneur, et que Mazois, protégé par la reine, prépare son grand ouvrage qui n'a encore été dépassé par aucune des publications faites depuis soixante ans.

Lorsque Ferdinand Ier revint à Naples en 1815, il laissa aux chantiers une certaine activité tout en vendant une partie des terrains achetés par Murat ; mais à partir de 1819 cette activité se ralentit, et souvent, faute de fonds, les recherches furent suspendues. Sous les règnes de François Ier et de Ferdinand II, on avança lentement ; les visites des princes étrangers étaient le principal stimulant. On tenait toujours quelque maison aux trois quarts déblayée pour enlever devant eux la dernière couche, celle qui, étant plus près du sol, promettait le plus de découvertes. Enfin en 1860 les fouilles de Pompéi entrèrent avec M. Fiorelli dans une phase nouvelle. Que le gouvernement italien, désirant frapper les esprits, ait fait un sacrifice et donné les subventions nécessaires pour employer tout à coup près de cinq cents ouvriers, cela n'a rien de surprenant, sans être pour cela moins louable : mais d'autres gouvernements l'avaient fait. Ce qui constitue surtout l'importance des travaux entrepris dans ces dix dernières années, c'est le caractère de celui qui les dirige, c'est sa méthode vraiment scientifique, c'est une inspiration qui promet pour l'avenir des résultats aussi féconds qu'imprévus.

M. Fiorelli était bien connu des savants. De 1846 ii 1851, il avait publié des *Annales de numismatique*2, en 1853 les *Antiquités du cabinet du comte de*

1 Voyez, sur ce sujet, le témoignage non suspect d'un Anglais, M. Dyer. (*Pompéi*, p. 50.)
2 Auparavant avaient paru ses *Observations sur quelques monnaies grecques*, Naples, in-8°, 1843.

Syracuse, en 1854 les *Inscriptions osques de Pompéi*, en 1857 les *Vases peints découverts à Cumes*. Enfin l'on savait que depuis dix ans il recopiait et mettait en ordre les notes manuscrites rédigées chaque jour par les directeurs des fouilles depuis 1748 et envoyées aux conservateurs du musée avec les objets recueillis. Trois fascicules avaient même paru : il avait été forcé de suspendre cette publication, qui fut reprise en 1860. Ce travail considérable l'avait fait pénétrer dans les plus menus détails de l'histoire des fouilles de Pompéi ; il en connaissait le fort et le faible mieux que personne, il pouvait remédier aux fautes de ses prédécesseurs ou continuer ce qu'ils avaient fait de bien. de ne louerai ni sa modestie, ni son désintéressement, ni sa passion pour l'antiquité, parce que ces qualités sont si nécessaires à tout vrai savant qu'il en faudrait plutôt condamner l'absence ; ce qui est plus rare, c'est que M. Fiorelli a su imposer à tous ceux qui font partie de son administration l'accomplissement des devoirs qu'il pratique lui-même. Tous les employés du Musée de Naples sont devenus scrupuleux, discrets avec l'étranger, que persécutait jadis une mendicité effrontée ; les gardiens de Pompéi ont été organisés militairement, ils sont vigilants, ils ont une solde, et se croiraient déshonorés ou destitués, s'ils acceptaient le moindre présent. Les Napolitains sont tout surpris de se voir moralisés ; mais, quand les mains restent pures, les antiquités sont mieux gardées. Chaque visiteur donne deux francs avant de franchir ces fameux tourniquets que n'auraient pas désapprouvés peut-être les Pompéiens, tant ils avaient le goût du commerce, et dont les produits sont appliqués à l'entretien et à la découverte des ruines. Quel voyageur n'est heureux de payer un impôt aussi légitime et ne voudrait contribuer pour une plus forte part à l'embellissement des lieux où il va trouver tant de jouissances ? Enfin M. Fiorelli a fondé à Pompéi une école archéologique semblable à notre école d'Athènes, où des jeunes gens, sortant des universités italiennes et désignés par un concours spécial, ont leur demeure, leur bibliothèque, leurs travaux communs ; ils sont les seconds de M. Fiorelli, ils surveillent les fouilles, ils en publient les résultats dans un *Bulletin* qui forme déjà un volume in-4°, et où MM. de Petra et Brizio se sont souvent signalés. Les réformes administratives ont donc été excellentes, et une épreuve qui dure depuis dix années peut être considérée comme décisive.

La méthode vient après l'administration Quelle méthode nouvelle M. Fiorelli a-t-il inaugurée ? Avant lui, on jetait les cendres au plus près, et l'on formait autour de Pompéi des montagnes qui seront un terrible obstacle le jour où l'on voudra reconnaître l'enceinte, les accès, les alentours de la cité. M. Fiorelli, à l'aide d'un chemin de fer incliné où les wagons glissent par leur seul poids, emporte les déblais au delà de l'amphithéâtre et loin de la ville. Avant lui, l'on s'inquiétait peu de consolider les ruines, qui s'écroulaient à mesure qu'on retirait les terres qui les soutenaient, et l'on ne conservait que ce qui restait debout. M. Fiorelli porte toute son attention sur les étages supérieurs ou les indices qui en subsistent. Avant lui, on attaquait les terrains au niveau du sol déjà découvert et l'on poussait devant soi en ramassant tout ce qui s'éboulait des talus sapés par la base. M. Fiorelli agit avec plus de prudence en attaquant les terrains par le sommet. Une fois le périmètre d'un îlot de maisons déterminé, il fait emporter les couches supérieures de cendres qui sont le produit des éruptions modernes. Dès qu'il atteint la couche de l'an 79, il fait sonder, et partout où la tête des murs apparaît, on s'assure s'ils sont solides ou seulement appuyés sur la cendre durcie. Les poutres qui s'engageaient dans les murs, les pièces de bois qui formaient les linteaux des portes et des fenêtres, se sont consumées par l'action du temps : on commence par glisser à la place des pièces de bois de même dimension, et l'on empêche ainsi l'écroulement des constructions. En descendant encore un peu, on restaure, à mesure qu'elles paraissent, les constructions antiques. Un panneau de stuc se détache-t-il, on le fixe par des crampons de fer revêtus d'étain pour éviter les effets de l'oxydation. Le bord des peintures est-il si peu adhérent que l'air doive achever de le faire tomber, on le fortifie par une bordure de mortier dont la couleur ne peut être confondue avec la couleur du mortier antique. Un escalier menace-t-il ruine, on le consolide marche par marche. Un balcon laisse-t-il voir ses rondins de bois noircis et pulvérulents, on y substitue des rondins semblables. Une cavité se présente-t-elle, on y coule du plâtre, pour mouler l'objet inconnu qui a laissé sa forme avant d'être détruit. En un mot, toutes les précautions[1] sont prises, non seulement pour conserver les moindres restes de Pompéi, mais pour recueillir l'empreinte de ce qui ne s'est pas conservé.

J'ai raconté par quel moyen les habitants de Pompéi étouffés sous la cendre, nous étaient rendus avec leur costume, leur attitude, leur expression suprême. Le procédé de M. Fiorelli ne s'applique pas uniquement aux cadavres, il est applicable à tous les corps qui se sont décomposés assez lentement pour que le moule qui s'est formé autour d'eux devînt consistant et durable. Le bois, par exemple, qui a résisté pendant plusieurs siècles à l'humidité du sol et qui a pourri peu à peu comme les végétaux qui composent le charbon de terre, le bois se prête admirablement au moulage. Les poutres, les balcons, les marches d'escalier, les planches, même celles qui ont servi aux usages les moins faciles à décrire, les portes, les garnitures des fenêtres, en un mot tout ce qui est menuiserie, peut être reproduit ; nous obtenons ainsi des renseignements inattendus sur certaines industries des anciens. Les portes des boutiques sont particulièrement curieuses : on voit par les moulages déposés dans un des musées provisoires de Pompéi, qu'elles étaient ménagées sur le côté, et que toute la devanture de la boutique était close par des planches ; ces planches étaient engagées, en haut et en bas, dans une rainure profonde, et se recouvraient les unes les autres c6rnme les palettes d'un éventail ouvert. Le plâtre, en séchant dans les cavités d'où le bois a disparu, reprend la serrure, les verrous, les gonds, qui étaient restés fixés sur la cendre, et les représente à la place exacte qu'ils occupaient.

Les meubles en bois, sièges, lits, armoires, coffres, coffrets, etc., nous ont préparé les mêmes surprises. Dans une des maisons de Pompéi, que M. Fiorelli a convertie en musée, on voit un coffre d'assez grande dimension qu'il a fait mouler et dont les charnières ont été une révélation. Tout le monde sait qu'on a recueilli à Pompéi des milliers de cylindres en os, percés d'un ou de deux trous : les inventaires les désignent comme des morceaux de flûte, et en vérité il fallait que les habitants eussent une passion désordonnée pour a musique, car l'on trouve de ces prétendus fragments de flûte dans chaque maison. Dans les tombeaux de la Grèce et de l'Italie, des cylindres semblables, en ivoire ou en os, ont été souvent ramassés par les explorateurs, qui se contentaient de dire : morceaux de flûte[2]. Quelle n'a donc pas été la satisfaction de M. Fiorelli lorsqu'en faisant briser la carapace de cendres qui recouvrait le plâtre versé dans une cavité, il vit paraître l'empreinte d'un grand coffre, et ajustées sur le plâtre aussi

---

1 Il est juste de nommer, parmi les auxiliaires qu'emploie M. Fiorelli : l'architecte, M. Ruggieri ; et Bramante, qui exécute les restaurations. Padiglione, qui avait commencé un merveilleux modèle de Pompéi en liège dans la proportion de 1 centimètre pour mètre, est mort depuis quatre ans, mais son œuvre est continuée.

2 Dans les fouilles les plus récentes, M. Fiorelli a retrouvé deux véritables flûtes, dont le mécanisme ingénieux permettait de régler le ton et par conséquent le mode de chaque morceau.

exactement qu'elles l'avaient été sur l'original, la serrure en fer et les charnières en os, qui avaient mieux résisté que le bois ! Oui, les morceaux de flûte étaient des charnières que les trous servaient à fixer ; si les tombeaux antiques en contiennent fréquemment, c'est que les objets précieux enterrés avec le mort étaient serrés dans des coffrets qui se sont réduits en poudre, tandis que les cylindres des charnières tombaient sur le sol et restaient sans explication.

La plus belle application du moulage au mobilier pompéien est celle qui a permis de restituer un triclinium antique. Les lits sur lesquels les convives étaient couchés, ont été montés, refaits, exposés au musée de Naples. Les ornements de bronze, les incrustations, la couleur même qui était restée adhérente à la cendre pendant que le bois s'en allait en poussière, ont fourni les éléments de la restauration la plus charmante. La forme simple et logique, le renflement du dossier pour recevoir le matelas, ce dossier n'existant que sur les deux faces du triple lit, la décoration concentrée également sur les parties apparentes parce qu'elle était inutile du côté du mur, l'ingénieuse disposition des reliefs en bronze, l'opposition de la couleur rouge dont le bois était revêtu et des bandes d'argent, unies tour à tour et ornées, qui couvraient les angles de la menuiserie et en faisaient ressortir les moulures, tout a un caractère de nouveauté qui fait désirer que les révélations sur le mobilier des anciens soient poussées plus loin.

Malheureusement Pompéi n'est pas le lieu le plus favorable aux études de ce genre. D'abord la ville a été dépouillée par ses habitants, qui ont évidemment retiré la plus grande partie de leurs meubles. Ensuite les pierres ponces qui couvrent et entourent tous les objets posés sur le sol sont rebelles au moulage, ou donnent des empreintes très imparfaites. Ce n'est que par exception, lorsque la cendre fine a pénétré dans une chambre bien close, ou lorsque les gens sont allés mourir au-dessus de la couche de pierres ponces, que l'on peut mouler objets et cadavres. Les deux cinquièmes de la cité antique sont aujourd'hui déblayés : l'agora grecque, le forum impérial, les théâtres, l'amphithéâtre, la basilique, les curies, les temples, les bains, les plus beaux quartiers, les demeures les plus riches ; c'est que ce qu'il y a d'important semble avoir été découvert. Désormais tout parait connu d'avance, les maisons se ressemblent, les peintures se répètent ; l'uniformité du style est inévitable dans une cité reconstruite d'un seul effort, à la même époque, par suite du même désastre. Si le gouvernement italien vent rendre à la science un service insigne et mettre M. Fiorelli à même de multiplier d'infaillibles découvertes, il est temps qu'il abandonne Pompéi pour concentrer toutes ses ressources sur une ville où les résultats sont certains. Cette ville, c'est Herculanum. Je sais quelle défiance accueillera une telle proposition, quelles objections sont toutes prêtes : c'est pourquoi, avant de développer un plan, il est nécessaire de réfuter les préjugés populaires, de procéder régulièrement par démonstration, et de rassembler les détails propres à nous éclairer sur l'histoire, le sort et l'état actuel d'Herculanum.

VI. — HERCULANUM.

Herculanum était située entre Naples et Pompéi, exactement au milieu de ce beau golfe que les Grecs comparaient à un vaste cratère. Elle était exposée également à toutes les brises qui soufflaient de la pleine mer pendant l'été ; on y avait la vue la plus magnifique ; la terre végétale y était profonde et fertile, deux rivières coulaient de chaque côté de la ville ; c'était un lieu plein de douceur, fait pour les oisifs qui voulaient jouir d'un perpétuel enchantement. Les Osques, qui s'y étaient d'abord établis, avaient été dépossédés par les Étrusques de Capoue ; les Étrusques, à leur tour, avaient été remplacés par les Grecs. On dit même qu'Herculanum devint l'asile de la plupart des colons grecs qui furent chassés des villes de l'Italie méridionale ; ils s'y établirent fortement, en assez grand nombre pour s'y faire respecter, ou plutôt avec le consentement de la confédération samnite, qui avait reconquis ses côtes et ne redoutait plus les débris d'une race qu'elle avait vaincue. Le nom d'*Herculanum* n'est en effet que la traduction latine du nom grec *Héracléion* et l'on sait que le premier magistrat de la ville s'appelait *démarque*, comme chez les Grecs, et non *meddixtucticus*, comme chez les Osques et à Pompéi. Quelques historiens ont mémo supposé qu'Herculanum, à cause du nombre, de la délicatesse et de la richesse de ses habitants, était la troisième ville de la Campanie, après Naples et Capoue.

Les Romains la soumirent et la reprirent de nouveau après la révolte générale qu'on appelle la guerre des alliés ; ils y envoyèrent une colonie, s'ils n'y tinrent pas garnison, car Strabon l'appelle une place forte[1], et nous voyons que sous l'empire les soldats de la flotte étaient casernés à Rétina, qui n'était que le port d'Herculanum. Dans tous les cas, ce pays devint un lieu de plaisance pour les Romains ; ils étaient près de Naples, ils subissaient l'attrait du génie grec et de l'idéal que le génie grec répandait sur la vie matérielle ; ils y bâtissaient des villas, les Fabius en avaient une, les Balbus une autre, et lorsque Agrippine prisonnière voulut être amenée à Caprée pour parler à Tibère, les prétoriens la laissèrent reposer dans une villa, voisine de la mer, que son fils Caligula fit saccager plus tard et dont Sénèque signale les ruines.

Ainsi l'histoire établit déjà des différences profondes entre Herculanum et Pompéi : la première est peuplée par des Grecs, la seconde par des Osques ; Herculanum est adonnée à la culture de l'esprit et aux élégants loisirs, Pompéi appartient tout entière au commerce ; l'une est habitée par les plus riches Romains et accablée de faveurs[2], l'autre est hostile aux Romains et plusieurs fuis châtiée. On doit soupçonner qu'Herculanum a servi de modèle à Pompéi dans bien des détails de la civilisation, on peut affirmer que Pompéi n'a rien appris aux Grecs d'Herculanum. Enfin le tremblement de terre qui fut si fatal à Pompéi, sous Néron, n'endommagea qu'à moitié Herculanum, de sorte qu'une partie des édifices antérieurs à l'empire et des maisons d'un style plus ancien, c'est-à-dire d'un goût plus pur, doit avoir été conservée ; on en peut juger déjà par la beauté des objets recueillis à Herculanum, on en jugera mieux quand la ville elle-même reparaîtra au jour.

Quel fut le sort d'Herculanum pendant l'éruption ? quels phénomènes particuliers se manifestèrent de ce côté du Vésuve ? quelles causes firent disparaître subitement de la surface du monde habité une ville florissante ? Je crois l'avoir

---

1 Φροὐριον, liv. V, p. 378.
2 Les inscriptions et les statues consacrées à toute la famille des Balbus en font foi.

démontré, l'enfouissement de Pompéi fut si incomplet qu'après quelques jours les habitants purent reconnaître leur demeures, y camper et les fouiller ; Herculanum, au contraire, fut si profondément enterrée que le lendemain il semblait impossible d'en retrouver même la trace. Dès que ces questions sont posées, tout le monde répond aussitôt avec assurance : la lave a fait tout le mal, Herculanum a été engloutie sous 80 pieds de lave. Si les objets d'art, les bronzes, les tableaux, ont été merveilleusement conservés, c'est qu'ils avaient pour cuirasse contre les injures du temps une couche de lave impénétrable, qu'il faut tailler au ciseau. Cette explication séduit. L'imagination se figure aussitôt des fleuves de feu envahissant la ville, montant comme la mer soulevée par le flux, pénétrant par les portes et par les fenêtres, entourant toutes choses et les modelant, se refroidissant à mesure, gardant pour la postérité des trésors que la postérité devra chèrement conquérir, mais qu'elle retrouvera intacts.

Telle est, en effet, l'opinion répandue dans toute l'Europe et même à Naples ; la plupart des voyageurs qui ont visité Herculanum affirment qu'ils ont touché la lave de leurs mains, et plus d'un touriste, dans les volumes qu'il publie sur les villes du Vésuve, assure avec la même confiance que la difficulté de tailler la lave est le principal obstacle aux fouilles d'Herculanum. Comment donc oser dire à des gens si convaincus que c'est non pas le feu qui a englouti Herculanum, mais l'eau ; que c'est non pas un torrent de lave ardente, mais une inondation de boue et de cendres délayées qui a rempli la ville ? Comment détruire un préjugé si fortement enraciné, que les ouvrages des géologues et des savants n'ont pu l'ébranler ? En vain Dufrénoy a démontré[1] que les eaux seules avaient porté sur Herculanum des monceaux de scories et de débris du tuf de la Somma ; en vain Dyer[2], Overbeck[3], Ernest Breton[4], etc., ont avancé dans diverses langues que les cendres seules, délayées par l'eau, durcies par le tassement, recouvraient Herculanum : on ne les a point écoutés, et l'on continue à maudire les laves qui rendent les fouilles si dispendieuses et si difficiles.

Tout le monde sait cependant quelle est la nature de la lave et quels en sont les effets. La lave est une masse incandescente dont la température est telle que tous les corps susceptibles d'entrer en fusion y sont absorbés et liquéfiés ; poussée hors des fissures du cratère par une force irrésistible de dilatation, cette masse s'avance comme un fleuve de feu et dévore tout sur son passage ; lente à se refroidir, elle devient aussi dure que du mâchefer et du porphyre. Or je fais appel aux souvenirs de tous ceux qui ont fait l'ascension du Vésuve pendant ces coulées de lave qui suivent une éruption et durent plusieurs semaines ou même plusieurs mois. Ce qui se passe aujourd'hui doit nous édifier sur ce qui se serait passé il y a dix-huit siècles ; il suffit d'appliquer à ses souvenirs un peu de réflexion et de bon sens.

Par exemple, nous avons vu de très faibles coulées, déjà éloignées de l'orifice d'émission et refroidies par le contact de l'air et du sol, entourer des maisons de campagne, les calciner, les faire écrouler par l'embrasement subit des planchers et des toits. Comment les statues de marbre et les stucs d'Herculanum, si la lave les a enveloppés, sont-ils demeurés intacts, avec leur ton primitif, sans éclats ni fissures ? Nous avons vu les métaux entrer en fusion au premier contact et

---

1 *Mémoire sur les Terrains volcaniques des environs de Naples.*
2 *Pompéi*, 2e édit., p. 18 : It does not appear that any lava flowed from the Vesuvius ; ejected matter consisted of rocks, pumice and ashes which seem to have been partly changed into liquid mud by torrents of rain.
3 *Pompéji, in seinen Gebaüden Alterthümern*, u s. w., t. Ier, 2e édit., p. 29.
4 *Pompeia*, 3e édit., p. 505 : Herculanum dans son linceul de cendres pétrifiées.

disparaître dans cette pâte, rouge et visqueuse comme de la fonte de fer ou le verre- sortant de la fournaise. Comment les objets d'argent, les statues de bronze, les vases de plomb, se retrouvent-ils à Herculanum avec leur forme, leurs reliefs, leurs ornements, leur patine naturelle ? Les bronzes d'Herculanum sont encore mieux conservés que ceux de Pompéi : on les distingue par leur fraîcheur d'épiderme, leur poli, leur ton égal et foncé, tandis que les bronzes de Pompéi ont été attaqués par les exhalaisons sulfureuses, rongés à la surface, et ont contracté une belle couleur bleue d'outremer qui ressemble à celle du sulfate de cuivre.

D'autres faits du même genre ne sont pas moins inexplicables. Les guides montrent aux étrangers une expérience qui dégénère bientôt en jeu : ils séparent avec un bâton ferré un petit morceau de lave ardente, le laissent refroidir sur la terre et y appliquent un gros sou (jadis c'était un de ces larges carlins de cuivre qui valaient cinq sous), afin d'en obtenir une empreinte. Si l'opération est faite trop tôt, le cuivre entre en fusion, et la pièce de monnaie, au lieu de laisser son empreinte, disparaît, amalgamée avec le reste de la lave. Comment donc se peut-il qu'on recueille à Herculanum tant de monnaies antiques, de cuivre ou d'argent, et qu'elles n'aient été ni dévorées ni même altérées par ces flots de lave où se concentre .une chaleur qui défie les calculs ? On sait aussi que les couleurs employées par les anciens pour décorer leurs édifices sont des couleurs à base minérale : elles bravent l'humidité du sol, mais le contact du feu les dénature ; les incendies partiels dont on voit les traces à Pompéi ont transformé par places le bleu en gris, le rouge en jaune, et les fabricants napolitains n'ignorent pas ce moyen très simple de produire aujourd'hui, avec du minium soumis à l'action du feu, ce qu'ils appellent du *jaune brûlé*. Pourquoi donc les maisons qu'on a fouillées à Herculanum offrent-elles des couleurs si admirables ? Pourquoi le bleu d'outremer et le rouge vermillon qui couvrent des murailles entières sont-ils d'une égalité et d'une fraîcheur qu'eût nécessairement détruites l'application d'un corps incandescent ? Enfin j'ai vu sur le Vésuve des arbres à peine touchés par la coulée de lave, s'enflammer comme des allumettes, lancer un jet lumineux et tomber aussi rapidement que si la foudre les avait frappés. Pourquoi les poutres, les planchers, les linteaux d'Herculanum, au lieu d'être réduits en cendres, ont-ils pourri lentement au sein de la terre[1], à leur place, sans causer de vides ni de dégâts ? Pourquoi les retrouve-t-on noircis ainsi que des morceaux de chêne plongés dans la vase depuis des siècles, ainsi que les pilotis des ponts, ainsi que les pieux des anciens quais de Carthage, ainsi que les bois roulés par le Jourdain et rejetés par la Mer-Morte après qu'elle les a saturés de chlorure de sodium ? Pourquoi tout prouve-t-il qu'ils n'ont été : décomposés que par l'effet du temps ? Pourquoi le bois, a-t-il gardé sa qualité et sa couleur dans les parties traversées par des vis et des clous, c'est-à-dire protégées contre l'humidité par l'oxyde de fer ? Pourquoi recueille-t-on des manuscrits[2] écrits sur la moelle fibreuse d'un roseau, sur du papyrus, quand la lave aurait dû les dévorer et faire envoler leurs cendres comme celles de la feuille de papier que nous jetons sur un brasier ? Pourquoi cette lave bénigne a-t-elle respecté

---

[1] C'est ainsi que les houilles, les anthracites et les lignites sont des bois transformés en charbon sans l'aide du feu, mais, au contraire, à la suite des déluges et par l'effet d'un séjour prolongé au sein de la terre.

[2] Humphry Davy, avait reçu à Londres quelques-uns des manuscrits récemment découverts, pour les analyser et expérimenter les moyens de leur rendre leur qualité première. Il constata que ces papyrus n'avaient pas été carbonisés, c'est-à-dire mis en contact avec des corps incandescents, mais, an contraire, noircis par l'humidité et la moisissure.

également les fruits, les noix, les amandes, le linge, la soie, les mèches de lampe qu'on retrouve par centaines, et tant d'autres objets éminemment combustibles qui n'ont fait que noircir et qui disparaissent d'ordinaire sans laisser de traces dans le plus faible incendie ?

Je pourrais pousser plus loin cette réfutation par l'absurde ; les arguments iraient en se multipliant. C'est qu'en effet un peu de réflexion suffit pour démontrer que le feu n'a pu avoir aucune part dans la destruction d'Herculanum, et que si la lave, qui est le plus terrible agent de destruction après la foudre, y avait pénétré, on reconnaîtrait à peine quelques pierres noircies, des briques éclatées et des marbres réduits en chaux ; mais, pour aller plus vite au but, je dirai que, dans un récent voyage, j'ai examiné avec une attention particulière le sol d'Herculanum, c'est-à-dire des parties que les fouilles ont rendues accessibles. Je n'y ai pu découvrir *un centimètre carré de lave* ; tout est cendre, rien que cendre, et cette cendre a été durcie par trois causes : l'eau, le tassement, le temps. C'est précisément cette dureté, qu'il ne faut pas s'exagérer, qui a trompé les visiteurs, surtout dans les corridors souterrains qu'on a creusés pour explorer le théâtre. On descend par des escaliers où suintent les infiltrations des rues de Portici ; on entend sur sa tête le roulement des voitures ; on traverse des tunnels que le frottement a rendus luisants ; on voit sur les voûtes raboteuses la fumée des torches déposée depuis un siècle ; on subit l'impression des ténèbres en même temps qu'on croit s'enfermer dans les entrailles de la terre. En un mot, ce voyage a quelque chose de fantastique qui frappe l'imagination, et l'on a besoin d'être rassuré en se répétant que ces couloirs sont taillés dans la lave et à l'abri de tout éboulement ; mais, si l'on gratte cette prétendue lave avec l'ongle, on s'aperçoit qu'elle est friable, qu'elle cède, et que ce n'est que de la cendre durcie. Les guides montrent dans le plafond d'un de ces couloirs creusés assez régulièrement l'empreinte d'un masque humain. On admire cette solidité inaltérable d'une matière qui a moulé si bien les objets qu'elle enveloppait. Toutefois, si l'on essaye avec un couteau d'entailler, non pas l'empreinte elle-même, mais les parties qui l'avoisinent, on reconnaît avec étonnement que rien n'est plus facile, et que ce n'est encore que de la cendre durcie.

Une rue d'Herculanum, à l'extrémité de la ville, du côté de la mer, a été fouillée méthodiquement ; quelques maisons ont été nettoyées, la maison dite du *Squelette*, la maison d'Argus, une auberge, des magasins, une prison d'esclaves, etc. ; tout est à ciel ouvert, et l'on s'y promène comme dans une rue de Pompéi. L'espace ainsi déblayé est de 3 à 4.000 mètres carrés, surface assez considérable pour des observations du genre de celles qui nous occupent en ce moment. Or l'on n'y trouvera aucun débris de lave, aucun indice de lave, aucun dégât produit par la lave. Au contraire, si l'on examine les terrains à pic qui entourent cet espace de quatre côtés, tout est cendre, il y a 10 et 12 mètres de cendres ; ce n'est qu'à la partie supérieure qu'on aperçoit des charbons, des projectiles volcaniques, des couches diverses correspondant aux éruptions modernes et séparées par des couches de terre végétale qui avaient eu le temps de se reformer entre chaque éruption. Cherchez les monceaux de déblais extraits de ces fouilles, étudiez-les ; vous n'y verrez encore que de la cendre, rompue par la pioche aussi facilement que de l'argile ou de la pouzzolane.

Comment la cendre, dira-t-on, qui doit être légère, pulvérulente, sans cohésion. ; aurait-elle acquis assez de dureté pour prendre des empreintes durables, former des voûtes résistantes et avoir des apparences de solidité si trompeuses qu'on l'ait prise pour de la lave ? L'exemple de Pompéi et des empreintes recueillies dans les caves de la maison de Diomède est déjà une réponse ; mais des analogies plus frappantes encore aident à comprendre cette force

d'adhérence. J'ai déjà raconté la formation des bancs de pépérin dans les vallées du Monte-Cavo par l'accumulation des cendres du volcan amalgamées avec les eaux. Cet amalgame est devenu tellement dur qu'il a fourni aux Romains des matériaux de construction. Les catacombes de Rome, qui ne sont autre chose qu'un tuf volcanique, c'est-à-dire des sables et des débris réduits en poudre, tassés par leur propre masse et par le temps, sont également friables, faciles à tailler, plus faciles à dégrader, et cependant on y a creusé des couloirs, des voûtes, des plafonds, des escaliers, des tombeaux innombrables et jusqu'à cinq étages de souterrains les uns au-dessous des autres. Il ne faut pas non plus oublier que la pouzzolane, qui donne un si excellent mortier hydraulique,- était tirée primitivement de Pouzzoles, près du Vésuve. Enfin je rappellerai le grand autel d'Olympie, que décrit le voyageur Pausanias, et qui n'était formé que de la cendre des victimes brûlées en l'honneur de Jupiter. Après chaque sacrifice, les prêtres délayaient les cendres avec l'eau de l'Alphée, enduisaient l'autel et l'agrandissaient ainsi peu à peu, si bien qu'après dix siècles l'autel avait 123 pieds de circonférence et 22 de hauteur. Quiconque, en effet, a vu jeter de l'eau dans sa cheminée, a pu juger de la ténacité de la cendre dès qu'elle est mêlée avec un liquide ; à plus forte raison les cendres volcaniques, dans la campagne de Rome, à Naples, à Santorin, sont-elles propres à la fabrication des mortiers.
Du reste, même quand ces explications ne satisferaient qu'à moitié le lecteur, les faits sont là, ils sont irrécusables. Je défie tout observateur-attentif qui étudiera les parties d'Herculanum accessibles jusqu'à ce jour, d'y découvrir autre chose que de la cendre. Sur la surface du sol actuel de Portici, qui est exhaussé en moyenne de 20 mètres, il pourra se faire qu'on signale des coulées de lave appartenant aux éruptions modernes, surtout du côté de Résina. Je ne puis affirmer non plus que dans un quartier inconnu d'Herculanum on ne constatera pas un jour la présence de la lave ; mais comme il ne peut être question aujourd'hui que de ce que nous connaissons, c'est-à-dire des parties de la ville qui sont visibles ou explorées, je répète qu'on ne pourra trouver *un centimètre de lave* à Herculanum, et que tout y est cendre.
Le problème, c'est de savoir comment une telle masse de cendres a pu être concentrée sur la malheureuse cité, et, puisque l'eau a joué un rôle si terrible, d'où provenait cette immense quantité d'eau.
Il est d'abord évident que les cendres ont été rejetées par le volcan ; d'après la nature du terrain ou les brèches produites à l'orifice du cratère, les pierres ponces étaient toutes rejetées du côté de Pompéi et de Stabies, tandis que les cendres étaient portées sur Herculanum. Peut-être convient-il de faire la part du vent qui séparait ces matières et des convulsions qui les lançaient inégalement. Ensuite il faut se rappeler que toute éruption très violente est accompagnée de vapeur d'eau, provenant de la rencontre subite des nappes d'eau souterraines avec le feu. J'ai expliqué l'origine de ces nappes[1], j'en ai montré les effets quand elles se précipitent dans le foyer d'éruption. De telles vapeurs, dont le volume et la force de dilatation dépassent tout calcul, sont refroidies aussitôt qu'elles sont en contact avec l'atmosphère ; elles se condensent et retombent en pluies. Si M. Fouqué, en 1865, dans une éruption de l'Etna qui n'avait rien d'extraordinaire, a pu constater qu'il était tombé sur la montagne 22.000 mètres cubes d'eau en vingt-quatre heures, on peut quintupler et même décupler ce chiffre pour l'explosion du Vésuve, dont la violence en 79 n'a jamais été égalée. Sans recourir à l'hypothèse de boues projetées par le cratère, ni s'appuyer sur l'exemple des volcans de Java, qui lancent dans les airs des gerbes de fange au lieu de gerbes

---

1 Voyez le chapitre III.

de feu, on peut assurer que de telles quantités d'eau, se confondant avec les cendres et les matières réduites en poudre que rejetaient d'autres cheminées du cratère, ont produit subitement un amalgame liquide soit dans l'air, soit en retombant sur le sol. Les Napolitains connaissent ce genre de phénomène, qui s'est reproduit plus d'une fois, dans des conditions modérées, il est vrai ; ils appellent cela des laves baveuses (*lave bavose*), et s'ils ajoutaient toujours l'épithète, ils auraient raison d'employer le substantif, et de dire qu'Herculanum a été ensevelie sous la lave. Herculanum, en effet, a été submergée par des laves baveuses[1], ou, pour employer une expression plus simple, par des torrents de boue.

En outre les pluies subites, je dirais volontiers les nappes d'eau qui tombaient du ciel à chaque émission de vapeur, ont entraîné toutes les cendres qui étaient déposées sur les pentes de la montagne, et les ont précipitées sur la plaine ; l'avalanche s'est jetée sur Herculanum. En même temps les deux rivières qui coulaient à droite et à gauche de la ville[2] cessèrent de couler jusqu'à la mer. Nous avons expliqué déjà[3] comment le rivage se souleva, pourquoi les vaisseaux de Pline furent arrêtés par des bas-fonds imprévus qui rendaient le port de Rétina inabordable. L'effet de ce soulèvement fut d'exhausser l'embouchure des deux rivières et de rejeter les eaux sur la ville. L'inondation apporta son contingent de vase, de cendres, de terre végétale. Il ne faut pas omettre les canaux comblés, les égouts obstrués, les aqueducs rompus par le tremblement de terre et versant leurs eaux dans la vallée. A mesure que la fange se déposait dans les rues, dans les cours, dans les chambres, le niveau de l'eau montait, de nouveaux dépôts s'accumulaient, les cendres qui tombaient du ciel à flots pressés se mouillaient aussitôt et grossissaient les atterrissements. C'est ainsi qu'en quelques jours, en quelques heures peut-être, une cité florissante se trouva plongée sous une épaisseur de 20 mètres de boue. Les habitants qui ne s'étaient pas enfuis à temps furent noyés. En vain ils montèrent au premier étage, puis au second, puis sur les terrasses ou les toits : il fallut périr, ils durent laisser dans cette cendre guide l'empreinte de leurs cadavres.

Quand les eaux se furent écoulées, on ne vit plus qu'un monticule grisâtre, raviné à la surface par les petits ruisseaux qui avaient tari les derniers. Rien n'émergeait plus, ni le fronton des temples, ni les murs du théâtre, ni le faîte des édifices les plus élevés. Sous une carapace qui allait chaque jour se tasser et durcir, Herculanum était bien autrement ensevelie que ne l'était Pompéi. Ce n'étaient pas 15 pieds de pierres ponces qui remplissaient le rez-de-chaussée et le premier étage des maisons jusqu'aux fenêtres, c'étaient 70 et 80 pieds de matière compacte qui cachaient même l'emplacement de la ville. Les habitants qui n'avaient pas succombé durent revenir plus tard, comme ceux de Pompéi ; moins heureux, ils ne purent rechercher leurs demeures, qu'aucun indice ne leur signalait, et qu'il leur paraissait impossible d'atteindre à des profondeurs inconnues. On croit avoir remarqué des traces de fouilles faites hors de la ville, au-dessus de la riche villa où les modernes ont recueilli 1.756 papyrus ; mais les propriétaires ne creusèrent pas assez bas, leur tentative fut vaine : les richesses d'art qu'on a trouvées il y a cent ans et qu'ils n'auraient pas manqué de

---

[1] On a vu qu'à Pompéi également les eaux de l'aqueduc rompu dans la ville et les pluies torrentielles ont contribué à remplir de leurs alluvions les parties basses et les souterrains, et que plus d'un Pompéien a été noyé dans l'asile qu'il croyait impénétrable aux projectiles et aux cendres.
[2] Nonius Marcellus, ch. III.
[3] Voyez le chapitre III.

reprendre en sont la preuve ; on les connaîtra tout à l'heure. Il est probable que le principal obstacle aux fouilles, ce fut, après la profondeur, l'humidité d'un sol d'alluvion où tout travail devenait bientôt impraticable.

Mais après seize siècles l'humidité s'est évaporée, et les laves baveuses sont aujourd'hui assez compactes et assez résistantes pour qu'on puisse les creuser dans tous les sens. La surface a été rendue à la culture, des maisons s'y sont construites, Portici et Rétina sont peuplées et florissantes. De nouvelles éruptions ont jeté un linceul plus épais sur Herculanum, qui semblait à jamais effacée du monde, lorsqu'en 1684 un boulanger, faisant creuser un puits, tomba sur des ruines antiques ; c'étaient celles du théâtre, où l'on montre toujours le puits de 1684. En 1720, Emmanuel de Lorraine, prince d'Elbeuf, qui était venu à Naples comme général dans l'armée impériale et avait épousé la fille d'un grand seigneur napolitain, voulut bâtir une villa à Portici. Il acheta le terrain du boulanger, fit exploiter le sol par son architecte Giuseppe Standardo, en tira des marbres, des statues[1], vingt-quatre colonnes de jaune antique qu'on prétendait entourer un temple circulaire d'Hercule. Ce travail de mineur, conduit par des boyaux qui contournaient les monuments et y pénétraient, aurait été, sinon impossible dans la lave véritable, du moins tellement dispendieux, qu'un particulier n'en aurait pas supporté le fardeau. Dans la cendre, au contraire, ce n'était qu'un jeu ; à mesure qu'un corridor devenait inutile, on le rebouchait avec les cendres extraites du corridor qu'on creusait à côté et qu'on poussait dans une autre direction.

En 1736, don Carlos, devenu roi des Deux-Siciles, désira construire à son tour un château à Portici. Le prince d'Elbeuf lui céda son terrain, où les fouilles, je devrais dire les dévastations, furent reprises avec une activité d'autant plus grande que le roi voulait former un musée dans son palais. Non seulement on détacha les marbres et les pierres des revêtements, non seulement on enleva les colonnes qui soutenaient les portiques, mais on ruina les enduits de stuc pour emporter les peintures et les ornements qui les décoraient. Près de sept cents morceaux furent réunis à Portici, et l'on peut croire qu'on en a gâté autant sans réussir dans cette opération difficile. Ce qui excitait surtout la convoitise, c'étaient les belles statues de bronze qu'on découvrait intactes. Aussi l'académie d'Herculanum, fondée par le roi en 1755 et dont les membres se réunissaient chez le marquis Tanucci, appliquait-elle tous ses soins à la publication des monuments figurés, sans songer ni à conserver ni à décrire les monuments d'architecture que les ouvriers ravageaient dans leur travail souterrain. Les premières plaintes vinrent des habitants de Portici, qui sentaient le sol miné sous leurs pieds et craignaient les éboulements. On fit droit à leurs réclamations. L'ingénieur suisse Carl Weber, qui remplaça l'Espagnol don Rocca Alcubierre, laissa de distance en distance des piliers qui consolidaient ces sortes de carrières pendant qu'on les exploitait ; dès qu'elles semblaient épuisées, on les remplissait.

Il parait toutefois que Carl Weber prenait note des découvertes et les consignait sur un plan. Ce plan, dont l'étendue n'a jamais dû être considérable, a été perdu, et la topographie d'Herculanum est restée un mystère. Les publications du

---

1 Parmi ces statues, je signalerai celles qui sont aujourd'hui au musée de Dresde. Le vice-roi de Naples, Charles Borromée, les avait réclamées et envoyées en présent au prince Eugène ; Victoire de Savoie, nièce et héritière du prince Eugène, les vendit à Auguste III, roi de Pologne et électeur de Saxe en 1736. Winckelmann y voulait reconnaître des vestales : elles se rapprochent plutôt des filles de Balbus qui sont au musée de Naples, et qui ont été trouvées dans le même endroit.

graveur Cochin et de l'architecte Bellicard, de Lalande, de Requier, de Romanelli, du marquis Venuti, et même celles de Winckelmann, sont pleines d'incertitudes ou de contradictions. On prétendait, pour mesurer la grandeur de la ville, avoir compté cinq cents pas sur le rivage entre Rétina et Portici. On avait reconnu une vallée au delà du théâtre, une grande rue décorée de portiques qui reliait le théâtre à la ville, une basilique, un forum, des temples, une voie extérieure bordée de tombeaux ; mais la manière dont les fouilles étaient conduites nous est un témoignage d'abord que les études topographiques, s'il en a été fait, étaient fort incomplètes, ensuite qu'il reste encore bien des richesses enfouies à côté desquelles on a passé, enfin qu'un seul quartier de la ville, deux tout au plus, ont été 'explorés.

La moisson sera donc encore belle lorsque des explorations régulières, à ciel ouvert, pourront être entreprises. On a commencé en 1828, sous le règne de François Ier, à 200 pas au sud-ouest du théâtre. De ce côté, qui jadis était voisin de la mer, et à l'extrémité de la ville, on n'a rencontré que 11 mètres de cendres ; l'on a déblayé une rue qui conduisait du théâtre au port, les maisons qui bordaient cette rue, et notamment la maison d'Argus, où le premier étage était conservé avec ses charpentes consumées et noircies par le temps, avec ses vingt et une chambres, éclairées chacune par une fenêtre[1], avec des provisions de comestibles, noisettes, noix, dattes ; amandes, figues, froment, lentilles, fèves, riz, miel dans un vase de verre, sans oublier les bijoux, le linge, les ustensiles, etc. On n'a pas su consolider l'étage supérieur, comme on le ferait aujourd'hui, et il a été démoli pour prévenir un éboulement ; mais il n'en est pas moins acquis qu'en s'avançant vers l'intérieur du tumulus et en soutenant les étages supérieurs avant de déblayer les étages inférieurs, on peut faire reparaître dans leur intégrité les demeures des anciens habitants d'Herculanum. Quant aux richesses d'art qu'elles contiennent, on peut les calculer d'après le nombre d'objets précieux recueillis dans une seule villa.

Ce fut de 1750 à1760 que le roi Charles III, averti par un particulier qui creusait un puits, fit dépouiller et combler de nouveau cette maison de campagne, dont Winckelmann a décrit une partie[2]. On y a trouvé de beaux candélabres, des vases et des meubles en bronze, un lit et un double siège (*bisellium*), une bibliothèque dont le bois était pourri, mais dont les manuscrits, réduits en pâte par l'eau et rongés aux extrémités, se déroulent sur la machine inventée par le père Antonio Piaggi[3]. On y a trouvé quatre tableaux peints sur marbre en camaïeu, parmi lesquels brille celui qui représente des *jeunes filles jouant aux osselets*, et qu'a signé l'Athénien Alexandre ; les bronzes les plus vantés du musée de Naples, les six actrices qui se costument (peut-être des baigneuses figurées autour d'une piscine), les deux nageurs prêts à se jeter dans l'eau, le Faune ivre, les bustes des cinq derniers Ptolémées avec les deux Bérénice, le Platon et l'Archytas, l'Héraclite et le Démocrite, onze bustes romains, des satyres, des silènes, des animaux, des petits groupes, enfin cette admirable statue de Mercure au repos, qui a inspiré si heureusement le sculpteur français Duret lorsqu'il a exécuté son *Danseur napolitain*. Quant aux statues de marbre, elles étaient rares ; une seule, il est vrai, suffit pour illustrer une collection : c'est

---

[1] Voyez Bechi, t. VIII du *Museo Borbonico*, et Finati, *Manuel pour Herculanum, Pompéi et Stabies*, Naples, 1844.
[2] *Découvertes d'Herculanum*, 4e partie, p. 38.
[3] On en a déroulé et lu cinq cents jusqu'à ce jour. Ce sont, pour la plupart, des traités de philosophie, écrits en grec, par Épicure, Philodème, Métrodore, Colotès, Démétrius, etc. Quel dommage que le possesseur de cette villa n'ait pas eu le goût de l'histoire ou de la poésie, et ne nous ait pas légué un Polybe, un Tite-Live, ou un Ménandre complets !

le chef-d'œuvre désigné parle le nom d'Aristide et qui représente plus vraisemblablement l'orateur Eschine ; la Minerve archaïque est également célèbre. On doit ajouter que les bronzes les plus remarquables du musée de Naples viennent d'Herculanum et principalement de cette villa. Il y avait d'autres riches maisons de campagne, aux portes de la ville, sur les routes de Naples et de Pompéi : elles restent à découvrir.

On conçoit maintenant pourquoi M. Fiorelli doit porter de ce côté ses principaux efforts. Non seulement il recueillera plus d'objets pré cieux qu'à Pompéi et d'un style supérieur, mais il rendra un service insigne à l'archéologie en dégageant peu à peu de son enveloppe, en consolidant, à mesure qu'il la dégagera, une ville qui 'a été enterrée dans toute sa hauteur. Auprès des résultats que promet Herculanum, ceux que donne Pompéi paraissent moins dignes d'envie. Pompéi était adonnée au commerce, elle était plus loin de Naples, ou y avait le goût moins pur ; Herculanum était comme un faubourg de' Naples et un lieu de repos, on y aimait les plaisirs de l'esprit et le luxe. Pompéi était habitée. surtout par des Osques et par des colons pauvres, fils des grossiers vétérans envoyés par Auguste ; Herculanum avait été peuplée par une race privilégiée, la race grecque, elle attirait pendant l'été les Romains les plus riches et même les patriciens. A Pompéi, on était moins lettré, l'art s'appliquait surtout aux besoins de la vie ; à Herculanum, on avait des bibliothèques et l'on faisait venir des artistes grecs ou leurs œuvres. Pompéi a été dépouillée jadis à loisir par ses propres habitants ; Herculanum n'a pu l'être, et les boyaux de mine creusés au siècle dernier n'ont atteint que peu de maisons et surtout que les monuments publics. Enfin Pompéi, remplie surtout par des pierres ponces, assez grosses et assez anguleuses pour laisser partout des interstices, est un sol peu favorable au moulage, parce que la surface des objets n'y laisse qu'une empreinte raboteuse et imparfaite ; Herculanum est un immense moule, où l'agent le plus pénétrant, l'eau, a porté partout les matières les plus subtiles, les a tassées par dépôts continus, sans secousse, sans interruption, préparant pour la postérité, dès qu'elle saurait s'en servir, les images fidèles et saisissantes de tout ce qui a peuplé, constitué, décoré, meublé une cité antique.

C'est donc à Herculanum que la méthode si simple, mais si féconde, de. M. Fiorelli pourra surtout s'appliquer. C'est là que cet habile explorateur rencontrera des cadavres finement moulés, avec leurs traits, leur beauté et tout le détail des ajustements ; c'est là qu'il saura découvrir les planchers, les plafonds, les portes, les fenêtres, les armoires, les sièges, les lits, les coffres, toute une menuiserie consumée par le temps, dont le plâtre prendra aussitôt la place et fera revivre les formes. Les moulures, si délicates qu'elles soient, auront laissé leur marque ; chaque fois que la pioche de l'ouvrier s'arrêtera à propos, on pourra couler dans les orifices qui se présenteront un mélange liquide qui, en durcissant, reproduira la boîte à fard, les sculptures d'un coffret de toilette, le roseau du scribe, les tablettes du poêle, la planche sur laquelle le peintre avait ébauché son tableau, en un mot, les produits les plus raffinés de l'industrie, même quand elle employait des matières que la terre devait décomposer. Des peintures nouvelles ou même des bronzes semblables à ceux qu'on a déjà excitent moins notre convoitise que toutes ce révélations, qui jetteront sur la vie antique un jour absolument nouveau, M. Fiorelli pourra également, avec la prudence qu'il montre à Pompéi et les procédés de consolidation qu'il emploie, soutenir les étages supérieurs, les chambres à coucher, les terrasses, les toitures peut-être ; il nous rendra dans leur intégrité des maisons quia sont enfouies dans toute leur hauteur et qu'aucune main n'a touchées depuis dix-huit siècles. L'auberge qui se voit aujourd'hui à l'extrémité d'Herculanum a été en partie ruinée par ceux qui la fouillaient, et présente cependant trois étages.

Devant de telles espérances, ma conclusion sera nette : il faut abandonner Pompéi et concentrer les efforts et les ressources sur Herculanum. Pompéi a donné à peu près tout ce qu'on doit en attendre, je crois l'avoir prouvé ; Herculanum a été ravagée çà et là, mais non explorée. Qu'on laisse à Pompéi une dizaine d'ouvriers pour continuer les fouilles sur quelques points ; ils dégageront, par exemple, l'extrémité de l'agora grecque (*forum triangulaire*), ils rechercheront auprès de l'amphithéâtre le monument que reproduit le tableau de la bataille avec les habitants de Nucéria[1], ils déblayeront, du côté de la voie des Tombeaux, le quartier important où la colonie romaine s'était établie (*pagus Augusto felix*). Cela suffira pour entretenir un peu d'activité, satisfaire les esprits avides de nouveauté et attirer les visiteurs. Une considération d'un ordre plus élevé doit même décider ceux qui hésiteraient. Personne n'ignore combien les maisons de Pompéi, qui sont depuis longtemps exposées au soleil, à la pluie, au vent de la mer, se sont altérées. Les marbres se rongent, les ornements de stuc se détachent, les enduits craquent, les couleurs pâlissent, les peintures s'effacent, quoique frottées chaque année avec un lait de cire qui les protège et les jaunit ; les mosaïques, soulevées par la gelée des nuits d'hiver, se brisent sous le pied, et le mortier cesse de retenir leurs petits cubes. Les quartiers qui ont été dégagés, il y a soixante ans, sous le règne de Murat, sont déjà très dissemblables des quartiers fraîchement déblayés, et l'on peut prédire que dans un siècle, malgré tous les soins des conservateurs, il ne restera plus que des murs, des colonnes, des dallages, en un mot l'architecture sèche, sans ses v6ternents et sa parure. Si tout Pompéi revoyait la lumière d'ici à dix ans, les voyageurs qui visiteront la ville après l'an 2000 admettraient à peine nos descriptions et consulteraient avec défiance nos dessins et nos planches coloriées. Laissons donc aux âges futurs leur tâche et leur part de plaisir. Que chaque génération puisse mettre la main dans ce sol plein d'enseignements, qu'elle s'instruise, qu'elle surprenne dans leur vivacité les détails qui accompagnent la découverte et disparaissent aussitôt ; qu'elle contemple dans leur fraîcheur les stucs, les mosaïques et les peintures que la terre humide conserve seule et conserve si bien ! Pompéi est un trésor enfoui ; on y puise à coup sûr, mais en le diminuant : laissons-en quelque chose à nos héritiers.

Quant aux obstacles que rencontre l'exploration d'Herculanum, ils se réduisent à deux : les constructions modernes qu'il faut exproprier, la quantité de cendres qu'il faut emporter. L'expropriation est coûteuse ; toutefois il s'agit, non pas de. démolir Portici et Résina, mais seulement d'étendre les fouilles actuelles dans un quartier où les maisons sont chétives, les jardins mal tenus, et où 15.000 francs payeront trois fois plus qu'il ne vaut un terrain déjà considérable. Il suffira d'acheter un peu chaque année : la continuité même des travaux, qu'on ne devra pousser qu'avec méthode et avec lenteur, permettra d'attendre les occasions, de profiter des décès et des ventes forcées. Les cendres, il est vrai, iront en croissant, et plus on avancera dans la colline, plus la couche sera épaisse. Aujourd'hui la tranchées a 11 mètres de hauteur, elle en aura 12, puis 15, 20 peut-être quand on entrera dans la profondeur du massif, de sorte qu'à chaque mètre superficiel de terre correspondront 12, 15, 20 mètres cubes de cendres. Où porter ces cendres ? Dans la mer ? mais elles seront rejetées par les vagues et produiront des atterrissements regrettables. Sur des points sacrifiés ? mais on formera bientôt des montagnes qui entraveront un jour l'extraction, comme elles

---

[1] Voyez le chapitre Ier.

l'entravent sur deux côtés de Pompéi. L'esprit ingénieux et prévoyant de M. Fiorelli saura triompher de ces difficultés. De même qu'à Pompéi un chemin de fer transporte les pierres ponces au loin dans la plaine, de même des wagons jetteront les cendres d'Herculanum soit dans un ravin inutile, soit sur une plage basse, soit dans des carrières de lave abandonnées. Pourquoi, lorsqu'on est si près de la mer, ne pas établir sur la côte un dépôt de ces cendres, tant recherchées dans d'autres pays ? Pourquoi ne pas les offrir, gratuitement d'abord, aux spéculateurs qui voudront les enlever sur des barques, ou même les exporter sur des navires ? Ce que la compagnie de l'isthme de Suez a fait à Santorin, une autre compagnie ne peut-elle le faire à Résina ? Ces cendres ne sont-elles pas un engrais excellent, plein d'oxydes alcalins et de débris favorables à l'agriculture ? Sont-elles différentes de la pouzzolane, qui donne des mortiers et des enduits si renommés ? La seule opération du transport rendra cette pouzzolane plus meuble et plus fine, car, lors lue les wagons la précipitent en talus, elle se tamise naturellement, laissant rouler plus bas les pierres ou les scories qui s'y trouvent mélangées ; l'exploitation n'en sera que plus avantageuse pour l'industrie.

Une somme de 110.000 francs est inscrite chaque année au budget pour l'entretien du musée de Naples et les fouilles de Pompéi. On n'ose demander au parlement italien d'augmenter cette somme et de la porter, par exemple, à 150.000 francs. Il convient d'attendre un état des finances plus prospère. A ces 110.000 francs s'ajoute l'impôt perçu sur les visiteurs, qui a produit en 1869 plus de 40.000 francs ; mais une inégalité choquante prouve dans quelle défaveur est aujourd'hui Herculanum. On a recueilli près de 38.000 fr. à Pompéi et moins de 2,500 francs à Herculanum, ce qui nous apprend, comme chaque entrée est de 2 francs, que 19.000 personnes éprouvaient le désir d'étudier Pompéi, tandis que 1.200 seulement consentaient à regarder Herculanum. En d'autres termes, le nombre des visiteurs a été quinze fois moins considérable, dans un lieu que dans l'autre. Cette disproportion disparaîtra dès que les fouilles seront reprises vigoureusement à Herculanum. La nouvelle des premières découvertes excitera la curiosité publique. Herculanum étant, sur la route de Pompéi, à un quart d'heure de Naples par le chemin de fer, on y percevra bientôt le même revenu, et la somme de 40.000. francs produite par les tourniquets des deux villes, pourra s'élever un jour à 80.000 francs. Quand M. Fiorelli aura prélevé ce qui est nécessaire pour le musée, pour la solde des gardiens de Pompéi, pour les restaurations, pour l'entretien de l'école archéologique, pour la publication du *Bulletin*, il lui restera de quoi payer encore cinquante ouvriers en permanence, ce qui est plus que suffisant. En admettant même que les recettes ne s'accroissent pas, tout ce que nous demandons, c'est qu'on fasse à Herculanum les dépenses de fouilles qu'on faisait chaque année à Pompéi, sur une moins grande échelle, parce que l'expropriation absorbera une partie de ces fonds réservés, et parce que l'extraction sera plus coûteuse ; mais l'importance de ces travaux ne dépend pas de l'étendue qu'on leur donnera, elle dépend surtout de la façon dont ils seront conduits. Or M. Fiorelli a montré tout ce qu'on doit espérer de lui ; l'expérience qu'il a depuis dix ans acquise a donné à sa méthode une précision pour ainsi dire infaillible. L'opinion publique ne lui demandera pas de déblayer un îlot de maisons chaque année ; une seule maison suffira, et donnera peut-être plus de trésors que vingt maisons de Pompéi. Depuis les toits jusqu'au sol, tout sera sondé avec précaution, soutenu et restauré avant d'être dégagé de l'armure de, cendre durcie ; les poutres, les linteaux, les balcons, seront copiés et aussitôt remplacés ; les étages ne seront plus démolis comme jadis ; les portes, les fenêtres, toute la menuiserie sera soigneusement moulée ; pas un trou ne sera signalé, si petit qu'il soit, sans qu'on y coule du plâtre ; les couches de cendres, horizontalement enlevées, laisseront apparaitre tour à tour les orifices de ces précieuses cavités qui contiennent l'empreinte exacte des cadavres, des meubles, des étoffes, des marchandises contenues dans les boutiques, des objets les plus menus et des matières les moins durables. La tâche de M. Fiorelli est bien belle et vraiment digne d'envie. Les résultats qu'il a obtenus à Pompéi, sur un sol relativement ingrat, il les complétera avec un succès certain au milieu des maisons d'Herculanum, plus riches, mieux conservées, pleines de révélations, enveloppées par la cendre comme par un moule immense. Qu'il quitte donc Pompéi sans regrets, pour entreprendre des recherches plus délicates, mais que sa persévérance et son talent rendront assurément fécondes ! L'Europe l'applaudit à l'avance, et ses concitoyens montreront leur patriotisme en l'aidant énergiquement, car il ne peut manquer d'assurer à l'Italie la reconnaissance du monde savant et une gloire nouvelle.

ÉTUDES COMPLÉMENTAIRES

VII. — LE COMMERCE D'APRÈS LES PEINTURES.

On a pu rechercher successivement sur les bas-reliefs, sur les pierres gravées, sur les vases peints, la représentation, très incomplète du reste, c'est-à-dire très simplifiée, de certaines industries de l'antiquité. Le petit nombre des figures ou l'exigüité du cadre ne permettaient que des indications sommaires plus propres à exciter la curiosité des modernes qu'à les instruire. La peinture, au contraire, peut retracer des scènes, embrasser une opération dans son ensemble, en faire sentir tous les détails. Il semblait donc que les murs de Pompéi, couverts de peinture décorative, devaient nous offrir en abondance des sujets tirés des habitudes, de la vie, du commerce, de l'activité familière d'une cité. Malheureusement les peintres qui .ont décoré Pompéi et Herculanum sont restés fidèles aux traditions, ils ont emprunté leurs idées à la mythologie, leurs modèles à la Grèce, et reproduit sans cesse la légende d'Actéon, de Thésée, d'Europe, de Persée, de Narcisse, d'Hermaphrodite, etc., de sorte que les découvertes récentes ajoutent bien peu, dans ce genre, à ce que nous savions déjà.
Quand les écoles grecques inclinèrent vers la décadence, le besoin de nouveauté porta cependant plusieurs artistes vers la peinture que les modernes appellent la *peinture de genre*1. On se moquait d'eux ; on les appelait *peintres de bagatelles* et *peintres de haillons*2 ; mais leurs œuvres étaient recherchées. Piréicus se fit un nom par ses boutiques de barbiers, de tailleurs ; Antiphilus peignit un esclave soufflant le feu et une fabrique de laine ; Philiscus, un atelier de peintre ; Simus, l'usine d'un foulon. Il était donc naturel de supposer que les décorateurs de Pompéi auraient imité aussi un genre qui s'accommodait si bien à l'ornement des petites maisons et surtout des boutiques de Pompéi. Il n'en est rien, car ce n'est que par exception qu'on a pu recueillir à Pompéi des représentations de la vie réelle. C'est un regret pour nous, qui trouverions dans l'abandon pittoresque des anciens des renseignements plus précieux que dans la reproduction perpétuelle des dieux, des héros et des nymphes.
M. Otto Jahn, sitôt enlevé à la science, a réuni et décrit, dans un mémoire de cinquante pages, lu d'abord à l'Académie de Dresde3, tout ce que nous possédons dans ce genre. Le document le plus important est une série de petits tableaux qui nous font voir les citoyens d'une ville trafiquant ou travaillant en plein forum, je veux dire en plein marché. Il y a plus d'un siècle (le 25 mai 1755) que ces peintures ont été découvertes et publiées par l'Académie d'Herculanum, sans qu'elles aient obtenu l'attention qu'elles méritent. Elles sont, en effet, exécutées d'une main si rapide, si négligente, que, même dans le musée de Naples, où elles sont aujourd'hui, elles arrêtent à peine le regard du visiteur ; toutefois, à travers ce barbouillage, il faut démêler tout-ce qu'il y a de vif, de réel, de spirituel.

---

1 Voyez, sur la peinture de genre, le mémoire de N. Gebhardt, ancien membre de l'école d'Athènes.
2 Ρωόγραφοι, ρυπαρόγραφοι.
3 *Ueber Darstellungen des Handwerks und Handelverkehrs auf antiken Wandgenwwälden*, Leipzig, 1868, grand in-8° avec 6 planches.

On reconnait d'abord l'architecture d'un forum ; on pense même-au forum de Pompéi, malgré la différence des chapiteaux qui sont corinthiens, tandis que ceux du forum de Pompéi sont doriques. L'artiste a pu évidemment varier les détails selon sa fantaisie, changer les chapiteaux, ajouter des guirlandes de feuillage ; mais les-piédestaux placés en avant des colonnes, les statues équestres, le second étage de colonnes superposé au premier portique, les maisons en perspective, d'autres particularités qui rappellent Pompéi, notamment la situation de l'école ouvrant sur le forum, donnent quelque vraisemblance à cette supposition.

La première scène nous montre deux marchands d'étoffes. L'un fait tâter le moelleux d'un tissu violet à deux acheteuses assises sur un banc et derrière lesquelles une esclave se tient debout ; l'autre écoute les plaintes d'une femme, accompagnée de son amie ; il lui prouve sans doute que le manteau, échancré par le cou, qu'elle lui a acheté la veille, est 'excellent et lui sied mieux qu'elle ne le croit.

Plus loin, un cordonnier essaie des chaussures à un personnage coiffé d'une barrette, qui rappelle singulièrement un personnage de la renaissance. Le cordonnier est agenouillé devant son client ; dans le fond, des chaussures sont suspendues au mur, et un autre cordonnier semble appeler les passants ou les arrêter en leur vantant sa marchandise.

Un autre tableau représente un cordonnier pour femmes et pour enfants. L'honorable commerçant est debout ; après avoir pris mesure avec une baguette, il apporte un brodequin à quatre Pompéiennes assises, dont l'une tient un petit enfant sur ses genoux. Deux sont vêtues à la grecque ; les deux autres, peut-être leurs esclaves, ont une tunique collante, comme la Minerve trouvée à Olympie, vieux costume des Osques, emprunté aux Doriens. De petites paires de souliers sont figurées çà et là sur le fond, avec une négligence qui ne permet de chercher aucun détail de fabrication. La composition de cette petite scène est Charmante, l'exécution atroce et mérite à peine le nom d'*ébauche*.

La chaussure est si exactement interprétée par la sculpture antique, qu'il n'est point besoin de la décrire. Une autre peinture de Pompéi nous montre deux petits génies exerçant le métier de cordonnier[1]. L'un tient une forme, l'autre prépare le cuir qu'ils doivent adapter sur la forme. Sur une planche, soutenue par deux consoles de bois semblables à celles que l'on fabrique encore aujourd'hui, et dans une armoire dont les deux battants sont ouverts, on voit des brodequins, disposés par paires ; ils sont faits de manière à couvrir la cheville, sans être lacés, par l'étranglement même de leur forme. Un petit vase et un bassin contiennent la couleur qui sert à lustrer le cuir.

Du reste, des chaussures véritables ont été trouvées dans des tombeaux romains, en Angleterre, en Hollande, en Allemagne, elles sont en veau ou en cuir couleur de pourpre, comme les babouches des Orientaux, les unes travaillées avec soin, d'autres garnies de clous[2]. Je reviens au marché et au peintre de Pompéi. A côté du cordonnier, il a représenté un vieux marchand, à la tête chauve, assis auprès d'une table : cette table est couverte d'instruments et de petits objets qui ressemblent à ce que nous appelons de la *quincaillerie*. Des esclaves, portant au bras des paniers, ont l'air de marchander. Dans le fond du tableau, des citoyens, adossés aux colonnes de portique, regardent, causent, réfléchissent. Si les objets vendus par le quincaillier, pinces, ciseaux, épingles à

---

[1] Otto Jahn, pl. III, fig. 5. *Antichita di Ercolano*, I, 35, p. 185 ; Overbeck, *Pompéi*, II, p. 199 ; Otto Jahn, pl. VI, fig. 1.
[2] Jannsen, *Musée de Leyde*, p. 154, pl. II, III et IV.

cheveux, fibules, ne sont pas très clairement indiqués, il n'en est pas de même des vases que vend le chaudronnier, son voisin. On reconnaît les vases de cuivre qui remplissent le musée de Naples et que les fouilles découvrent dans toutes les maisons de Pompéi. Ces vases sont posés à terre, sur la place publique : le marchand en prend un et le frappe avec une baguette pour montrer à un acheteur, qui tient par la main un enfant, combien le métal est sonore, bien battu, exempt de fissure. Les Arabes ne s'y prennent point autrement pour acheter ou vendre leurs vases de métal, qui ressemblent encore singulièrement aux vases antiques et par leur forme et par leur destination.

C'est encore en Orient que nous reportent le boulanger, assis à la turque sur son comptoir, et le marchand de boissons chaudes, dont la marmite bout en plein air sur un *brazero*, tandis qu'il y plonge le vase qu'un acheteur prend avec précaution au bout d'une longue pince. Les peintures de Pompéi et d'Herculanum ont plusieurs fois reproduit le sujet du boulanger avec ses variantes : la plus intéressante est celle qui nous fait voir le marchand assis, comme je le disais tout à l'heure, au milieu de tous ses pains[1]. Les pains sont ronds, divisés par dix rayons en dix côtés qui se séparent aisément sous la main : tels sont encore exactement aujourd'hui les pains qu'on fait à Naples et dans le sud de l'Italie. M. Fiorelli a trouvé dans un four de Pompéi, il y a quelques années, quatre-vingts pains carbonisés qui ne diffèrent en rien de ceux que je viens de décrire.

Enfin, pour compléter ce tableau marché, l'artiste n'a oublié ni le mulet récalcitrant chargé d'un bât qui semble fait d'hier, ni le chariot à roues pleines, taillées dans un morceau massif, comme, les : roues des chariots qu'on voit encore en Troade et dans l'Asie-Mineure[2]. Ici sont arrêtés les badauds, qui lisent l'album où sont peints les actes publics et les édits ; là se rassemblent, pour entrer dans les thermes, les baigneurs tenant à la main l'*alabastron*, le petit vase qui contient l'huile parfumée dont ils se feront frotter le corps ; plus loin un maître d'école donne sa leçon, et tandis que ses élèves dociles sont assis, leur ardoise sur leurs genoux, il administre le fouet à un paresseux que deux camarades tiennent par les mains et par les pieds. Au même ordre d'idées se rattache un jeune homme dessinant une statue du forum et faisant consciencieusement ses études d'après la bosse. Enfin, le peintre n'a oublié ni les polissons qui se lutinent autour d'une colonne, ni l'aveugle à la longue barbe conduit par son chien et recevant l'aumône d'une femme qui sort avec son esclave.

Des peintures de plus grande dimension et mieux exécutées, ont été découvertes en 1826, dans la maison d'un foulon, ouvrant, d'un côté sur la rue de Mercure, de l'autre, sur une rue qui a pris son nom (*Fullonica*). Dans l'atrium, un pilier, couvert de peintures, s'élevait auprès d'une petite fontaine. Ce pilier a été enlevé et placé au musée de Naples ; il a été décrit plus d'une fois. Au premier plan, une femme assise remet une étoffe à une petite esclave. Un ouvrier, dont la tunique est serrée et comme nouée autour du corps, les regarde, tout en cardant vigoureusement un manteau blanc, bordé de pourpre, suspendu à une tringle. Un autre ouvrier apporte une cage d'osier sur laquelle l'étoffe sera étendue ; il tient à la main le vase où du soufre jeté sur les charbons ardents dégagera une fumée propre à blanchir le manteau. C'est le procédé qu'emploient encore les modernes. Sur une autre face du pilier, des niches cintrées contiennent de

---

[1] Otto Jahn, pl. III, fig. 2.
[2] D'autres chariots, plus élégants, portant une immense outre en peau de bœuf pleine d'huile ou de vin que le marchand débite au passage, sont le sujet de deux tableaux (pl. V, fig. 1 et 2).

grandes cuves où trempent des étoffes qu'on lave. Des esclaves, les pieds dans la cuve, piétinent sur ces étoffes, de même que les femmes arabes lavent leur linge en le piétinant sur les rochers d'un torrent ; c'était ce que les anciens appelaient *la danse du foulon* (*saltus fullonicus*)[1]. L'artiste a peint avec le même soin la presse, avec ses deux montants, ses deux énormes vis, qu'on tournait à l'aide de poignées pour aplatir l'étoffe sous les planelles qui leur donnaient l'apprêt nécessaire. Enfin, le séchoir est figuré par de longues tringles suspendues au plafond par des câbles. Des linges y sont étendus ; un esclave remet à une jeune femme une étoffe dépliée, tandis que la femme du foulon en prend note sur ses tablettes.

J'ai visité avec une curiosité particulière la maison de Pompéi où ces peintures avaient été recueillies. J'y ai compté dans une cour vingt-deux bassins construits en maçonnerie, à dés niveaux différents, de façon que l'eau pût passer de l'un dans l'autre. Par devant, des bancs devaient recevoir les étoffes. A l'autre extrémité de la cour, sept cuves plus petites servaient à fouler. La chambre de dépôt, avec les traces des *rayons*, c'est-à-dire des planches apposées en guise de rayons, où les fourneaux, le séchoir sont encore reconnaissables. Dans d'autres ateliers de foulon, j'ai vu des feuilles de plomb très épaisses revêtant l'intérieur des cuves construites en ciment[2]. Quelquefois aussi on trouve des jarres pleines d'une terre grasse, qui doit être cette terre de *cimole* (craie marneuse) dont parle Pline, et qui contribuait à blanchir les étoffes autant que les fumigations de soufre ou l'urine recueillie dans des vases placés, à cet effet, au coin des rues[3].

Les menuisiers figurent aussi parmi les sujets traités par les décorateurs de Pompéi. On les voit célébrant les fêtes de Dédale : Dédale était alors leur patron, comme saint Joseph est leur patron aujourd'hui. Quatre hommes élancés, vigoureux, en tunique, les jambes nues, portent en procession sur des planches une petite chapelle en roseau, ornée de fleurs, de festons et de petits vases de toute sorte, coupes, lécythes, œnochoés, etc. Dans le premier compartiment est une statuette de Dédale, pensif, un doigt sur la bouche, contemplant le cadavre de Talos, son neveu, qu'il a tué en lui .enfonçant un clou dans la tête. Sur le deuxième compartiment, deux statuettes de scieurs de long, qui scient ; derrière eux un enfant qui rabote ; l'invention de la scie et du rabot était attribuée à Dédale.

Une peinture de plus petite dimension nous montre deux petits génies ailés, personnification du travail et de l'industrie du menuisier. L'un est assis à terre, l'autre debout, et ils s'appliquent d'un commun effort à équarrir avec une scie, un panneau de bois assujetti sur l'établi. Du reste l'établi, la scie, le maillet, le fer courbé ou valet qui assujettit la planche sur l'établi, tout est tellement semblable aux instruments et au matériel de nos jours, qu'on est humilié de reconnaître combien les modernes ont peu inventé dans ce genre d'industrie.

De même que les Grecs et les Romains avaient attaché à chaque divinité des génies qui portaient leurs attributs ou leurs armes, de même ils ont personnifié par des génies ailés diverses branches du travail et divers métiers.

Nous avons déjà cité les génies cordonniers, menuisiers ; d'autres peintures de Pompéi nous font voir les génies du moulin, les génies du pressoir. Lorsqu'on songe aux horreurs d'un *pistrinum*, c'est-à-dire du lieu où le blé était réduit en farine, puis en pâte, avant de passer au four, lorsqu'on se figure les malheureux

---

[1] Sénèque, *Epist*. XV.
[2] Dans la *Fullonica* voisine de la maison de Siricus.
[3] Pline, XXVIII, 18.

esclaves tournant la meule sous le fouet, les yeux bandés ou les yeux perdus de fumée, ruisselant de sueur à la clarté d'une lampe, travaillant la nuit, les entraves aux pieds, on admire comment la mythologie et l'art ont pu déguiser tant de misères sous tant de charmes. La scène inventée par l'artiste est le moment du repos. Ce ne sont plus des esclaves, ce sont de jolis petits ânes qui ont tourné la vaste meule ; les génies viennent de les dételer, ils les caressent, ils leur passent au cou des guirlandes de feuillage pour écarter les mouches ; eux-mêmes, étendus sur l'herbe, prennent leur repas, se divertissent, jusqu'à ce que l'heure de retourner au travail soit arrivée. Éros et Psyché les regardent et semblent tirer de ce spectacle des réflexions philosophiques.

La scène du pressoir offre quelques détails qui ne sont pas sans intérêt. Entre d'énormes poteaux dressés en terre, sont assujettis des rangs de madriers, séparés par des planches horizontales très épaisses. Ces madriers pèsent sur une corbeille pleine de raisins ; le jus s'échappe à flots, tombe dans un large conduit en métal et de là dans une cuve. Deux génies ailés enfoncent des coins pour augmenter la pression : un troisième, armé d'un pilon, écrase des raisins dans un vase placé sur un fourneau. Prépare-t-il *du vin cuit* ? ou n'écrase-t-il le raisin et ne le fait-il chauffer que pour obtenir une fermentation plus rapide ? Voilà ce que je ne saurais dire : peut-être fabrique-t-il simplement du raisiné.

L'industrie la plus flatteuse, et le plus souvent choisie par les artistes de Pompéi est celle des fleurs. Le goût des fleurs et l'art de les mêler aux cérémonies, aux fêtes religieuses ou domestiques, aux festins, avaient appartenu par excellence à la Grèce. Le nom d'Athènes, selon la naïve étymologie des paysans de l'Attique, viendrait de άνθος, fleur. L'Attique, en effet, malgré son aridité apparente, a une flore très riche, que la nature renouvelle à chaque saison, aussi généreusement que dans les montagnes verdoyantes et les vallées fertiles de la Grèce ou de l'Asie-Mineure.

Dès le mois de février, les anémones aux couleurs variées, les narcisses aux grappes odorantes, les cyclamens serrés dans les fentes ides rochers commencent à fleurir. Le printemps finit quand le nôtre commence et une autre série de fleurs plus robustes résiste mieux à la sécheresse et au soleil. Les orchidées, les bruyères blanches, les iris, les pensées couvrent les montagnes, les asphodèles et les ornithogales tapissent les plaines. Plus tard, les lauriers roses qui remplissent les ravins et les torrents, les agnus-castus, les myrtes, le romarin, le thym et d'autres plantes aromatiques bravent les ardeurs de l'été : les baigneurs du mois d'août trouvent la plage de Phalère toute blanche de les sauvages qui s'épanouissent au milieu du sable et des coquillages rejetés par la mer. Il faut avoir vécu longtemps en Grèce et en intimité constante avec la nature, pour comprendre le charme de cette flore que les Grecs avaient divinisée et dont ils s'enivraient. J'omets tout ce que la main des hommes avait apporté des pays lointains, cultivé, répandu dans les jardins ; j'omets ces branchages poétiques qui contribuaient, autant que les fleurs, à décorer les temples, les colonnades, les maisons, le front des vainqueurs ou des convives.

On conçoit l'importance du commerce des fleurs avec de tels goûts : les Italiens et les Osques de Pompéi avaient pris aux Grecs ces habitudes et cette passion. Rien n'est plus gracieux que les peintures retraçant les travaux des petits génies qui figurent le commerce des fleurs[1]. La grande table, couverte de feuilles et de fleurs, les corbeilles qu'ils apportent, qu'ils vident, qu'ils emplissent, les guirlandes suspendues à des traverses qui touchent le plafond, les bandelettes

---

1 On peut comparer aux peintures les sarcophages romains où sont sculptées des scènes du même genre. (Gori, *Inscr. Etrur.*, III, 9, et *Columb.*, p. XI, vignette).

autour desquelles s'ajustent les tresses, tout nous rappelle Glycère, la belle bouquetière de Sicyone qu'aimait le peintre Pausias, dont Pausias copiait les œuvres tant elle savait habilement distribuer les nuances et composer ses bouquets. Les plus spirituelles représentations, dans ce genre, se trouvent dans quatre compartiments décoratifs d'une chambre sépulcrale que Santi Bartoli a dessinés. Des enfants cueillent des fleurs, remplissent leurs corbeilles, les portent sur leurs épaules, attachées en équilibre sur un bâton. On remarquera surtout le petit marchand qui se promène tout nu, portant, comme au bout d'une ligne, cette série de guirlandes suspendues qui rappellent les cordes d'une harpe. Nos marchands de lacets ambulants n'ont point un autre système de suspension. Enfin les peintres anciens, après avoir représenté diverses industries, devaient représenter aussi les détails de leur art : c'est ce qui nous touche le plus. Jahn[1] a réuni sur la même planche les monuments figurés qui ont trait à ce sujet. M. Leemans l'avait fait avant lui[2].

Le plus joli tableau est de Pompéi. La scène est un jardin : à travers un portique orné de guirlandes de lauriers et d'un bucrane, on voit en perspective un vase sur un piédestal- et une statue, qui indiquent fort sommairement les distances : quelques tiges de plantes à droite du portique ; à l'un des pilastres, est accroché un tableau avec son châssis composé de quatre bâtons cloués aux quatre angles. Au premier plan est assise une jeune femme, vêtue d'une longue tunique jaune et d'un manteau violet. Elle regarde un Hermès de Bacchus à longue barbe, qu'elle copie : sa main gauche tient une palette, sa main droite prend un pinceau dans la boîte à couleurs qui est ouverte et posée sur un tronçon de colonne ; à ses pieds un enfant tient le tableau qui l'occupe : ce tableau est encadré (j'allais dire tendu) dans son châssis ; on distingue une figure isolée qui doit être la copie de l'Hermès. Dans le fond, adossées au pilastre du portique, deux jeunes femmes contemplent attentivement l'artiste. L'une, la tête enveloppée d'un voile rouge, tient un éventail en forme de feuille ; l'autre, un doigt sur les lèvres, semble recommander le silence à son amie, pour ne pas interrompre ce beau travail.

Une composition du même genre, mais plus simple, a été trouvée encore à Pompéi, en 1846[3]. C'est encore une femme qui peins, assistée de deux femmes qui la regardent. La plupart des archéologues ont pensé avec raison que cette femme était la célèbre *Iaia* de Cyzique, dont parle Pline[4], et que Varron avait connue dans sa jeunesse. Elle avait travaillé à Rome et à Naples. A Rome, elle avait peint sur ivoire, à l'encaustique, des portraits de femme ; elle en avait peint aussi à la détrempe. A Naples, elle avait fait une vieille femme de grande dimension, et son propre portrait vu dans le miroir. Par la rapidité et l'adresse, elle surpassait les peintres les plus célèbres de son temps, Sopolis et Dionysius. On conçoit donc que sa mémoire fût demeurée chère aux habitants du golfe de Naples et aux Pompéiens.

Puisque nous venons de prononcer le nom de Varron, il est bon de rappeler un bas-relief qu'Otto Jahn a également reproduit[5] d'après Santi Bartoli, qui l'avait vu entre les mains de Monsignor Ciampinis[6]. Une femme voilée, personnification de la peinture elle-même, serre la main d'un homme qui tient un rouleau. Elle lui

---

[1] Planche V, fig. 5 à 11.
[2] *Mededeeling omtrent de Schilderkunst der Ouden*, Amsterdam, 1850.
[3] *Bullet. Napolit.*, V, p. 12.
[4] XXXV, 135.
[5] Planche V, fig. 8.
[6] *Sepolcri antichi*, Roma, 1697.

présente un pinceau et lui adresse les paroles qui sont gravées sur le champ du bas-relief, FAXIS VARRO, comme pour exhorter Varron à enrichir de portraits, ainsi qu'il l'a enrichi, en effet, son livre sur les hommes illustres. Quatremère de Quincy et Raoul Rochette[1] ont cru que ce sujet rappelait encore Iaia.

Quoi qu'il en soit, nous remarquerons ici, au point de vue de la technique, que le pinceau présenté à Varron est semblable à nos pinceaux modernes ; il est composé de poils liés par un fil serré dont on peut compter les tours. De même le chevalet qui est dressé à gauche et supporte un portrait dans son cadre, est semblable à nos chevalets modernes. Il a ses trois pieds : des trous percés sur les montants, de distance en distance, se correspondent de manière à ce que le tableau puisse être haussé ou baissé à volonté.

On remarque un chevalet du même genre et de plus le pliant si simple dont se servent les peintres et qu'ils appellent un pinchard, dans une miniature du monument de Dioscoride, qui est à Vienne[2]. Le peintre qui copie pour Dioscoride *la mandragore* dont les racines se divisent comme quatre membres du corps humain, a même la chevelure hérissée de certains artistes modernes, qui pensent nous rendre ainsi plus sensible le génie qui travaille leur cerveau, au dehors comme au dedans. De plus, la feuille de parchemin sur laquelle il faut peindre est fixée sur la planche du chevalet par des viroles de cuivre qui ressemblent tout à fait aux viroles aplaties que les artistes nomment pour cette raison des punaises.

C'est ainsi que, malgré la différence des temps et des procédés, on constate avec surprise que les modernes sont peu inventifs, en fait d'ustensiles, ou plutôt que les anciens avaient inventé déjà tout ce qui était nécessaire, rationnel, accommodé aux besoins matériels de l'art. En 1847, on a trouvé en Vendée, à Saint-Médard-des-Prés, les restes d'une villa décorée de peintures très soignées et un tombeau. Autour d'un squelette de femme étaient rangés quatre-vingts vases de verre, qui contenaient encore des restes de couleurs ; dans un coin de la tombe étaient des débris d'une boite de bois à poignée de cuivre, semblable à nos boites de peintres. Il y avait dans cette boîte un vase de cristal de roche, un manche de couteau en bois de cèdre, un mortier d'albâtre pour broyer et délayer les couleurs, un pilon en forme de pouce, des couteaux à palette, etc. Une autre boîte en bronze était destinée aux couleurs. Je renvoie à la publication de M. Filhon, pour les détails de cette intéressante découverte ; de même que je crois inutile de reproduire les descriptions antérieures des archéologues sur deux caricatures célèbres de Pompéi, qui représentent l'atelier d'un peintre, avec le modèle, le chevalet, le broyeur de couleurs, l'élève qui travaille sur ses genoux. On a vu ces spirituelles pochades reproduites dans la plupart des ouvrages qui ont traité de Pompéi.

Je voudrais ajouter aux renseignements sur l'industrie et le commerce tirés des peintures antiques, ceux que m'a fournis l'étude des boutiques mêmes de Pompéi. Ce complément me parait utile et fera l'objet d'un dernier chapitre.

---

1 *Peintures antiques inédites*, p. 339.

2 Visconti, *Iconogr. grecque*, pl. XXX. — Benjamin Filhon, *Description de la villa et du tombeau d'une femme artiste gallo-romaine*, etc. Fontenay, 1849. Voyez sur ce sujet le mémoire de M. Chevreul, dans le recueil de l'Académie des sciences.

J'ai décrit les peintures antiques qui nous faisaient connaître les détails du commerce et de l'industrie au premier siècle de notre ère. Les boutiques de Pompéi contiennent des enseignements d'un autre genre qui ont aussi leur intérêt et leur précision. C'est de l'histoire familière, racontée par les monuments eux-mêmes, c'est-à-dire prise sur le vif.

Ce qui frappe d'abord à Pompéi, c'est qu'il y a des boutiques partout. Comme à Rome, c'était une source de revenus, et les plus riches propriétaires ne négligeaient point de bâtir, sur les quatre rues qui déterminaient leur îlot de terrain, des boutiques qu'ils multipliaient autant qu'il était possible. Les ruines qu'on a découvertes sous l'église de Sainte-Anastasie, à Rome, au-dessous du Palatin, laissent même supposer que les empereurs faisaient cette spéculation. Les propriétaires des maisons de Pompéi étaient d'ailleurs presque tous des marchands. Les plus belles maisons sont flanquées de boutiques à droite et à gauche de la porte d'entrée, et les boutiques communiquent directement, soit avec l'atrium, soit avec le couloir qui mène de la porte à l'atrium. Ces boutiques, plus spacieuses que les autres, servaient donc au propriétaire : il y vendait des objets propres à son commerce ; il y avait son comptoir, si c'était un changeur ou un banquier (le coffre-fort était dans le fond de l'atrium, scellé sur le sol)[1] ; il y exposait un choix de marchandises s'il faisait trafic d'étoffes, de tapis, de cordages, d'agrès, etc. ; enfin, ses esclaves ou son portier (*dispensator*) y vendaient son huile, son vin, son blé, ses fruits, s'il était un propriétaire rural, vivant de ses produits, comme certains propriétaires de Florence font vendre leur vin par leur portier.

Ce qui frappe surtout, c'est que presque tous les habitants de Pompéi exerçaient une industrie, soit par eux-mêmes, soit par leurs affranchis, soit par leurs esclaves. On conçoit l'exclamation naïve de ce Pompéien qui a fait encastrer en mosaïque dans le dallage de son atrium l'inscription suivante : Salut, gain, SALVE, LVCRV.

Tout le monde a présentes à l'esprit les dispositions si élémentaires d'une boutique de Pompéi. C'est une ouverture presque égaie à la distance des deux murs qui déterminent la largeur de la boutique. Le jour, cette vaste baie est ouverte aux passants ; la nuit, elle est close par des volets épais en bois qui se glissent dans une rainure ménagée par l'architecte sur le sol. Ces clôtures ont été rongées par le temps et l'humidité ; mais elles ont laissé leur empreinte sur les cendres du Vésuve qui les ont ensevelies. M. Fiorelli a fait couler du plâtre dans les moules naturels ou bons-creux que le bois avait laissés en pourrissant. On peut voir aujourd'hui comment se recouvraient les planches de ces fermetures, comment la porte était ménagée sur le côté, quelle grosse serrure la fermait ; on comprend aussi le texte du Digeste[2] qui nous apprend que parfois une chaîne assujettissait les volets et les rendait solidaires.

L'intérieur de la boutique était généralement divisé dans sa hauteur : le rez-de-chaussée était pour l'industrie ; l'entresol servait de logement et d'entrepôt au

---

[1] On a trouvé plusieurs de ces coffres-forts, garnis de bandes de fer et de clous comme les nôtres, fixés par une barre de fer scellée dans le sol ; cette barre pénétrait par un trou ménagé dans le fond du coffre ; le coffre étant ouvert, on passait dans l'orifice qui terminait la barre de fer une traverse qui la retenait et empêchait d'enlever le coffre-fort.
[2] XXXIII, titre VII, loi 7.

marchand. L'existence de ces entresols est démontrée par les trous des poutres qui supportaient le plafond, et par les escaliers ou traces d'escaliers qui y conduisaient.

Devant chaque boutique règne un trottoir, en briques, en stuc, en galets recueillis sur la plage, en mortier amalgamé de débris de marbre poncés. Parfois, dans la dalle de lave qui borde le trottoir, on remarque un trou oblique, où le voyageur et le paysan passaient, comme dans un anneau, le licou de leur cheval ou de leur mulet, lorsqu'ils voulaient s'arrêter chez le marchand.

Le soir, les boutiques étaient éclairées par des lampes fumeuses. Les rues n'avaient point d'éclairage ; les passants attardés portaient des lanternes assez semblables aux nôtres. La sécurité, la propreté, la police de la ville gagnaient peu à cette absence d'éclairage fixe. Constantinople, avec ses rues obscures et ses chiens qui se jettent en hurlant sur les étrangers, a dû conserver les traditions de l'antiquité. Les douze dieux, le serpent Agathodémon qu'on peignait sur les murs pour écarter les affronts des passants pendant le jour, devaient produire peu d'effet dans les ténèbres. Les propriétaires qui menaçaient de la colère de Vénus pompéienne[1] n'étaient alors pas plus écoutés.

Les piliers qui séparaient les boutiques les unes des autres portent encore des inscriptions tracées au pinceau : blanchies à la chaux à diverses reprises, elles ont été recouvertes par des inscriptions nouvelles. Ce sont presque toujours des excitations électorales, des recommandations de candidatures par des électeurs influents ou des clients intéressés. Je vous prie de nommer édile M. Casellius, ou bien Fidelis vous prie de nommer[2], etc. Très rarement on y reconnaît des annonces correspondant à nos affiches modernes. On a relevé sur le pilier d'une maison, depuis comblée par ceux-mêmes qui l'avaient fouillée, une annonce où Julia, fille de Spurius Félix, met en location pour cinq ans des mansardes et une quantité considérable[3] de boutiques.

Les oisifs et les enfants ont tracé aussi sur le stuc, le plus souvent avec la pointe d'un clou ou d'un couteau, des caricatures, des gladiateurs, des alphabets. Ces *graffiti* ont été l'objet de publications spéciales. La plus considérable est celle du père Garrucci. Quant aux enseignes proprement dites, on e na peu trouvé. Le phallus a été fort mal interprété. Une rosace et un damier incrusté en mosaïque dans des piliers, indiquent-ils, comme quelques personnes l'ont cru, la boutique d'un maître mosaïste ? L'ancre, le navire, la chèvre, le moulin tourné par un âne, l'amphore portée par deux esclaves, sont des signes choisis à plai.sir par les possesseurs des boutiques des maisons, bien plus que des armes parlantes de leur commerce. Nous savons, du reste, qu'à Rame certaines maisons étaient reconnaissables, comme dans notre vieux Paris, aux enseignes qui remplissaient l'office de notre numéro. L'histoire a conservé le souvenir de quelques-unes de ces enseignes : l'*Ours coiffé*[4], la *Grenade*[5], les *Poules blanches*[6], etc.

L'aspect des boutiques de Pompéi est triste et nu aujourd'hui. Les murs dépouillés, les clôtures enlevées, les supports et armoires disparus sans laisser

---

1 *Abia* (pour *habeat*) *Venere Pompianam iradam qui lœscrit*, etc. L'orthographe est d'un Osque qui avait peu fréquenté l'école.

2 *M. Casellium œdilem faciatis oro* ou *Fidelis orat*.

3 *Neuf cents* ; mais il faut entendre par là *beaucoup*, un nombre indéterminé ; de même qu'en français l'on dit : j'ai *mille* ennuis, *mille* affaires.

4 *Ad ursum pileatum*.

5 *Ad malum Arabicum*. C'était la pauvre maison où logeaient les Flaviens avant d'arriver à l'empire.

6 *Ad gallinas albas*. C'était une station ou auberge au septième mille, près du Tibre ; la villa de Livie était voisine.

de traces, déroutent l'imagination. Tout paraît petit, surtout avec un soleil qui met tout en lumière ; les lézards qui se glissent vivement entre les pierres et les mouches qui bourdonnent au milieu d'un silence de mort, éloignent toute idée de commerce, de richesse, d'animation. Une étude attentive et quelques efforts d'esprit ne tardent pas à opérer dans le cerveau du visiteur l'œuvre de reconstruction.

Ce banc d'abord, qui est sur le devant de beaucoup de boutiques, est la place de l'étalage. Les marchands, avec des planches et des appareils qui étaient dans le genre des nôtres, y exposaient leurs plus beaux échantillons. Les rainures et les traces des gonds dans le seuil expliquent le système de fermeture et d'ouverture. Ici était la réserve ou salle de dépôt ; par cet escalier, on montait à la chambre où dormait la famille. Les boutiques d'huile, de vin[1], de boissons chaudes, se reconnaissent à leurs vases, fourneaux, comptoirs, ornés de marbre. Les cafés, où l'on vendait le vin cuit, le vin aromatisé, l'hydromel, le salep, attirent surtout le regard des visiteurs. On leur montre même les peintures assez grossières d'un de ces cafés, où des soldats trinquent avec des verres semblables à ceux que contient par centaines le musée de Naples et dont la forme rappelle nos verres à bière, sauf le renflement qui donne plus de prise aux doigts.

Les boutiques destinées à d'autres industries déroutent davantage le visiteur, parce qu'elles n'ont conservé le plus souvent que leurs murs dans un état parfait de nudité. Il faut un peu de réflexion pour concevoir que même aujourd'hui, dans le midi de l'Europe, l'ameublement des magasins est plus que simple. Un comptoir de bois, une chaise et un escabeau en font les frais. Les denrées délicates, les drogues, les couleurs sont dans des vases de terre cuite ou de verre. Le pain, la viande, la charcuterie sont fixés par des crochets à de petites planches mobiles qu'on suspend le matin en dehors de la boutique et qu'on retire le soir. Les paniers, les corbeilles de jonc tressé, jouent aussi un grand rôle dans les boutiques de Naples. Tout cela a dû exister à Pompéi, mais a été condamné, par la matière même, à périr promptement sans laisser de traces.

Les industries de luxe avaient des coffres, des armoires où l'on serrait les étoffes, les métaux précieux, etc. Les habitants de Pompéi, lorsqu'ils sont venus fouiller les cendres sur l'emplacement de leurs maisons, dont les terrasses et les toits sortaient du sol, ont emporté surtout ce genre de richesse, aussi bien que les tableaux, les mosaïques mobiles, l'ivoire, les statuettes. Ils n'ont recherché ni le savon, ni les couleurs au fond de la cuve, ni les pains desséchés dans le four, ni les légumes pourris dans le cellier. En un mot, ils nous ont laissé ce qui était peu digne de coûteuses recherches ; ils ont retiré tout ce qui avait plus de valeur. Si quelques boutiques ont été négligées, c'est que leurs propriétaires étaient morts, soit asphyxiés sur place, soit foudroyés dans leur fuite par le gaz acide carbonique qui s'échappait du sol. C'est ainsi que dans une boutique attenant à la maison du poète tragique, on a recueilli deux colliers d'or, des bracelets, quatre boucles d'oreilles, des anneaux pesants, et des squelettes. Évidemment ces malheureux avaient rassemblé leurs bijoux pour les emporter : mais nous ne sommes pas dans la boutique d'un joaillier, qui serait ou mieux garnie ou absolument dégarnie.

Enfin, pour compléter l'aspect des rues commerçantes, il faut se figurer les auvents, les branchages de laurier, de chêne vert et d'oranger, les guirlandes mêlées de fleurs[2]. Les boutiques de Portici et de Resina, surtout celles des marchands de fruits, sont encore ornées de cette façon. Il faut imaginer les toiles

---

1 *Popinœ, Tabernœ vinariœ.*
2 L'εἰρεσιώνη des anciens, figurée sur les monnaies d'Athènes.

tendues d'un côté de la rue à l'autre, les peintures qui brillaient partout et qui égayaient le fond même des petites boutiques, toute la menuiserie extérieure rehaussée des tons les plus vifs ; les comptoirs en plein vent des marchands d'eau à Naples (*aquaioli*) en conservent la tradition. Il faut ajouter, pour l'éclat du coup d'œil, les étalages faits à la porte et jusqu'en pleine rue, comme à Séville, comme à Cènes, et surtout comme au Caire et à Tunis ; les étoffes brillantes, la gaze transparente, les tapis, les armes, etc., suspendus sous la main des passants. Les rues marchandes sont un mélange d'obscurité et de fraicheur, de mollesse et d'activité. De toutes parts les eaux des petites fontaines courent le long des ruisseaux à la pente rapide. Les marchands sont assis sur le seuil ; les femmes, les oisifs, les esclaves causent avec eux ; les costumes eux-mêmes sont variés : l'Alexandrin et l'Africain se mêlent aux Osques et aux Latins ; les esclaves syriens coudoient les esclaves grecs. A travers les portes des maisons qu'une grille légère ferme seule pendant le jour, on voit les *atria*, avec leurs colonnes frappées obliquement par le soleil, le jet d'eau babillard, les fleurs qui croissent auprès de la table de marbre, le chien qui sommeille. Pompéi me reporte malgré moi en Orient, pendant les-ardeurs de l'été. J'y retrouve les mêmes oppositions d'ombre et de lumière ; la vie m'y apparaît avec les impressions si diverses du commerce et de l'indolence, de la chaleur et des précautions pour l'adoucir, du luxe et de la simplicité. Le soleil, la beauté, la couleur rehaussent les détails vulgaires : les bazars de l'Orient en sont, j'en suis sûr, l'image la plus juste et la véritable tradition.

Il résulte des observations qui précèdent que deux choses sont également difficiles à deviner, d'abord quel était le nom du propriétaire ou du locataire de la boutique, ensuite quelle était son industrie. Heureusement, il y a des exceptions. Par exemple, à l'angle de la voie Statienne et en face de la maison de M. Epidius Sabinus, on a déblayé le 9 décembre 1853[1], une boutique qui contenait divers objets, deux sonnettes, un anneau d'argent, une garniture de meubles incrustée d'argent et gravée, un vase de bronze, quelques terres cuites et une lampe. à deux becs ; une des chaînes qui servaient à suspendre cette lampe portant sur une plaque l'inscription suivante : DIVNI PROCVLI. Quelle était la nature du commerce de Junius Proculus ? rien ne le laisse soupçonner.

Il n'en est pas de même de la boutique de Nonius Campanus, située à l'angle de la rue des Thermes, pavée de briques et de petits morceaux de marbre, revêtue d'un enduit blanc sur lequel tranchent des lignes rouges tirées par le peintre. Sur un mur, on lit en belles lettres tracées à la pointe, les noms et qualités de M. Nonius Campanus, ancien soldat, propriétaire de la boutique où des esclaves travaillaient pour lui. Ces esclaves étaient des corroyeurs ou pelletiers[2], ainsi que le prouvent deux tranchets à lames recourbées, propres à tailler le cuir, neuf autres tranchets à manches de fer, des crocs pour tendre les peaux, un marteau, une hachette, des tenailles, etc. On a remarqué encore les restes d'un banc de bois, une plaque de travertin sur laquelle on battait et assouplissait les cuirs, deux petites chaînes de bronze, le fléau d'une balance, des serrures, des ornements d'os et de métal qui avaient revêtu un coffre de bois, des monnaies, quelques vases de terre, une ampoule en verre. Sur le mur, au-dessous de l'inscription tracée par la main du soldat Nonius, on lit en lettres cursives *Scaura Angipta sudit hic buaria*[3] : Scaura Angipta (peut-être faudrait-il lire Scaura l'Égayptienne) a cousu ici des peaux de bœuf. C'est ainsi qu'on trouve parmi les

---

[1] Fiorelli, *Histor. Pompeian. Antiq.*, II, p. 587.

[2] Fiorelli, *Giornale degli Scavi*, 1862.

[3] *Sudit* est pour *suit*. L'orthographe de ces *graffiti* est souvent fort peu édifiante.

inscriptions funéraires de Rome une certaine Julia Tananea qui prend le titre de *sutrix Augustæ*, cordonnière de Livie.

Après l'industrie du *pelletier*, nous rencontrons celle du *marchand de couleurs* (*pigmentarius*) : Le 16 avril 1856, les explorateurs de Pompéi ont déblayé une boutique pavée de briques ; les murs étaient blancs. Ils y ont recueilli deux amphores, des coupes, des vases avec leur couvercle, beaucoup de couleur blanche, rouge et verte ; un couteau de fer, un disque de marbre noir, un de marbre blanc, un petit fermoir en os, une tessère ronde avec l'inscription IO V.A.X, enfin un gros morceau de bitume.

Les trous d'un escalier en bois et d'un plancher indiquent nettement l'entresol. Cet entresol est consumé, on y a trouvé un squelette avec deux pièces de monnaie, quatre vases, deux fourneaux, deux lampes, sept charnières en os qui appartenaient à un coffre, de gros morceaux de couleur rouge et de couleur bleue. Le marchand de couleurs s'était réfugié dans son entresol et y avait été asphyxié.

Le *teinturier* (*offector*) vient après le marchand de couleurs. Une inscription électorale tracée en grande lettres sur le pilier de la boutique, nous apprend que le maître de la boutique votait pour Posthumius Proculus. La boutique a deux entrées, l'une sur la rue qui descend du forum, l'autre sur la rue qui mène au temple d'Isis. Ces ouvertures étaient fermées la nuit par des planches à recouvrement qui se glissaient dans les rainures. Les planches ne joignaient pas exactement ; en poussant on les faisait fléchir de façon à agrandir leur écartement. C'est ce qui explique l'acte de ce philosophe pythagoricien qui vient payer son cordonnier, trouve sa boutique fermée, apprend qu'il est mort et, ne voulant point frustrer même un mort, écarte deux planches et glisse dans le magasin les pièces de monnaie qu'il apportait. On remarque dans la boutique du teinturier des vasques pour l'immersion des étoffes, revêtues d'un stuc très dur ; cependant le ciment est rongé par les acides. Dans le fond d'une vasque on a recueilli une poudre noire qui a été soumise à l'analyse chimique : c'était du sulfate de fer.

L'industrie du *foulon*, ou blanchisseur de laines et apprêteur d'étoffes, a déjà été décrite d'après les peintures du musée de Naples. On sait quelle était l'importance de cette industrie dans l'antiquité. Les foulons de Pompéi formaient un collège, avaient une basilique, c'est-à-dire une Bourse où ils se réunissaient. La prêtresse Eumachia, à laquelle ils avaient élevé une statue, avait contribué à l'embellissement de cette Bourse, ce qui rappelle la Bourse à la Soie (*Seteria*) de Valence, construite, dit-on, par Chimène. Les vêtements de laine jouaient un si grand rôle dans le costume antique, et le voisinage des Apennins, couverts de troupeaux, devait donner au. commerce de la laine une telle importance qu'on s'explique la richesse des foulons de Pompéi et leur nombre. J'ai décrit la principale usine : il y en avait d'autres, une notamment à côté de la maison de Siricus. C'est là qu'on voit encore les bassins en ciment sur les fourneaux et les capsules ou revêtements de plomb qui les protègent.

Les *boulangers* ne sont pas moins nombreux, quoique, dans les maisons riches, il y eût des fours particuliers et des moulins. La maison de Pansa contient encore trois moulins en lave, un puits, un four à ventilateur. Dans la rue Domitienne, après la maison de Polybe, on entre dans une boulangerie. La boutique communique avec l'atrium, et, de l'atrium, on passe par le tablinum dans la boulangerie proprement dite. Les moulins sont montés sur une base encastrée dans une chaussée bien pavée. Le récipient, en forme de double cône qui sert de meule (*catillus*), pivote sur la borne (*meta*) de lave ; une cavité circulaire, entaillée au pied de cette borne fixe, recevait la farine. Non loin, des jarres pour contenir l'eau, une table pour pétrir, un vase pour la fleur de farine, deux serpents peints sur le mur, pour écarter le mauvais œil et procurer une bonne cuisson.

Du reste, les boulangers avaient, comme de nos jours, un talent et une réputation inégaux. Les plus renommés marquaient leur pain comme la boulangerie viennoise à Paris. Des pains recueillis à Herculanum portent les inscriptions suivantes : CELERIS Q. GRANI ou VERI. SERV.

Un boulanger de Pompéi fut nommé duumvir à l'unanimité ; il s'appelait P. Paquius Proculus. La maison a été fouillée et reconnue, en 1868, par Fiorelli qui, en lisant sur une colonne de l'atrium, l'inscription à la pointe PAQVIA, n'a plus douté qu'il ne fût dans la demeure d'une famille très estimée à Pompéi et dont plusieurs membres avaient rempli des fonctions municipales. Or, cette demeure est une boulangerie ; elle s'est même successivement agrandie ; car un mur a été abattu et l'a mise en communication avec la maison voisine. Le pétrin, le four, cinq moulins, dont trois sont intacts, ne laissent aucun doute sur le genre d'industrie exercé par le propriétaire.

Dans la rue des Augustales, au coin de gauche, au n° 25, une autre boulangerie se fait remarquer par la peinture qui a été placée au-dessus du four ; cette peinture représente un magistrat en toge distribuant des pains.

Une boulangerie plus grande a été fouillée, en 1866, par Fiorelli. C'est là qu'il a trouvé quatre-vingts pains, toute la fournée du jour, carbonisés dans le four où l'éruption du Vésuve les avait fait oublier ; les esclaves, évidemment, avaient pris la fuite. Les cinq meules du pistrinum sont toutes ébréchées par l'usage. Des tuyaux de plomb amenaient l'eau de l'aqueduc de Pompéi dans un réservoir d'eau. Un tour aidait à passer directement les pains pétris et préparés à celui qui les enfournait.

On remarque, sur le trottoir qui est en face de la boulangerie, deux piliers coniques de lave tout neufs qui allaient remplacer les meules usées et ébréchées que je viens de citer.

Les boutiques de *barbiers* (*tonstrinœ*) sont plus difficiles à reconnaître, l'aménagement étant moins caractéristique. On en voit une cependant en prenant à gauche dans la rue de Mercure. Dès l'entrée, un banc offrait aux clients le loisir d'attendre leur tour. Au-dessus du banc, deux niches, ménagées dans l'épaisseur de la muraille, servaient à déposer les coiffures ou vêtements qui gênaient l'opération. Les rochers taillés auxquels étaient adossées certaines maisons d'Athènes, sont percés de niches rectangulaires ou cintrées qui étaient comme de petites armoires. Les maisons et les chapelles de l'Orient ont conservé cet usage. Au centre de la boutique, un tabouret en maçonnerie était destiné au patient. Je ne parle ni du rasoir court et arrondi, avec son manche, ni des ciseaux, ni de la pince à épiler, ni du miroir à la main ; tout cela doit être étudié au musée de Naples.

Une *pharmacie* a été signalée par une boite à drogues, des pilules, un vase de verre qui contenait six litres (mesure italienne) de baume. De même que le *droguiste* de la rue Stabia a été trahi par une certaine quantité de drogues noircies et de pâte décomposée. A droite, dans un atrium, est un triple fourneau avec trois chaudières établies à des niveaux différents. Une mosaïque squamée orne le prothyrum. Les fouilles qui ont eu lieu le 12 juillet 1847, ont fait trouver deux statuettes de Jupiter, une d'Isis, une d'Hercule et une de l'Abondance, en bronze.

Les fabriques de *savon* offrent encore moins d'intérêt. Des tas de chaux excellente, sept bassins au niveau du sol, des débris de matière grasse que l'analyse a fait estimer du savon, furent observés dans les fouilles de 1783. Une autre fabrique, située dans la rue des Augustales, au coin d'une petite ruelle, est. remarquable uniquement par son four construit en encorbellement, comme le trésor de Mycènes.

Le four me fait penser au *potier* dont la fabrique était située hors les murs, sur la voie des Tombeaux. Lui aussi avait un four et un four excellent, à réverbère, construit en pierres et en briques. La voûte du fourneau était plate, percée de petits trous pour laisser entrer la flamme dans la partie supérieure du four proprement dit où les vases cuisaient. Dan !es parois, des ouvertures étaient ménagées et des tuyaux de terre cuite permettaient d'activer ou de modérer la cuisson. Trente-quatre petites marmites étaient encore dans le four, qui s'est malheureusement écroulé en 1854.

Lorsque j'ai décrit la boutique de Nonius Campanus, j'ai omis à dessein, parmi les objets qu'on y a trouvés, cent quatre couvercles de vases. Il n'y avait que des couvercles ; les vases étaient restés en débris dans la boutique située en face, qui était celle d'un potier ou d'un marchand de vases. Quand l'immense quantité de vapeur d'eau que vomissait de temps à autre le Vésuve se condensait, de véritables torrents tombaient sur Pompéi et entraînaient les objets ainsi qu'une inondation. J'en ai cité jadis des preuves, en voici une nouvelle : l'eau a bouleversé la boutique du marchand de vases, renversé et brisé les vases eux-mêmes ; mais comme les couvercles étaient à la fois plus résistants et plus propres à flotter, le courant les a entraînés dans la boutique de Nonius Campanus où ils ont été rejetés et entassés.

Je m'étais promis de ne point parler des *marchands d'huile*. Cependant les fouilles de 1852 ont découvert une boutique assez belle pour mériter une exception elle est située au coin de la rue de la Fontaine-du-Bœuf et donne sur la rue de Stabia. Le comptoir est revêtu de marbre gris et de cipollin. Sur le devant, il y a une plaque ronde de serpentin et des rosaces. Sur l'appui du comptoir, le pied d'un vase de bronze est resté adhérent ; le vase lui-même a disparu. Huit jarres sont encastrées dans la maçonnerie du comptoir. La neuvième est dans l'angle, auprès d'une petite cave bu puits revêtu de ciment. C'était là qu'on conservait l'huile dans sa fraîcheur et qu'on la puisait. La même habitude s'est conservée dans l'Italie méridionale.

Quant aux tavernes. proprement dites ou boutiques de marchands de vins, elles ont été trop souvent décrites pour qu'il soit utile d'y revenir. J'en citerai deux seulement, parce que le nom de leur propriétaire est connu. La plus vaste est celle de Fortunata, derrière la fontaine qui représente un aigle tenant un lièvre dans ses serres ; c'est le sujet figuré sur les monnaies d'Agrigente. L'inscription qui mentionne Fortunata est sur le pilier extérieur ; le comptoir de maçonnerie est recouvert de marbre et, sur ce marbre, les tasses et les verres ont laissé une marque ronde, trace évidente de leurs pieds. Au fond de la boutique, deux petites chambres recevaient les consommateurs plus importants. La taverne de Phœbus est à côté de la citerne publique ; elle contenait, quand on l'a fouillée, une tirelire, un squelette d'homme et deux squelettes d'animaux. L'inscription, qui a fait connaître le nom de Phœbus, est ainsi conçue : Phœbus et ses clients vous prient d'élire duumvirs M. Holconius Priscus et C. Gaulus Rufus. Je puis citer encore Pérennius Nymphéroïs, le marchand de boissons chaudes. Les verres et les tasses ont laissé une marque sur le marbre du comptoir, dont leur pied protégeait la surface. Une tête d'enfant en marbre est engagée dans la maçonnerie d'une niche ; sans doute, c'était un fragment de statue brisée dans le récent tremblement de terre et recueilli par Nymphéroïs. On a trouvé dans la boutique une lampe et un phallus de bronze avec des clochettes.

Pompéi avait aussi ses auberges. Il y avait, comme dans l'Italie, l'*albergo nobile* et l'auberge plus vulgaire, la *locanda*. L'auberge plus riche était dans la ville, auprès de la porte d'Herculanum. Elle appartenait à Albinus, dont le nom, tracé en lettres noires, a été recueilli pendant les fouilles de 1770. On voit encore la pierre pour les cavalier qui montaient sur leur cheval, le seuil abaissé pour le passage des chars, la vaste cour avec cuisine et chambres. de voyageurs, les deux cafés (*thermopoles*), l'un, intérieur, l'autre, voisin et communiquant avec l'intérieur de l'auberge. Il est de même encore dans nos villes de province. Dans l'écurie, on a recueilli des ossements de chevaux, des essieux, des débris de char. La cave a 35 mètres de largeur et trois soupiraux.

Sur la voie des Tombeaux, en dehors de la ville par conséquent, était une auberge moins élégante. Elle fait partie d'un long bâtiment avec un portique et des boutiques sous les arcades. Une fontaine et un abreuvoir indiquent un lieu de halte pour ceux qui entraient dans Pompéi et allaient au marché. Les paysans s'y arrêtaient volontiers, car on a trouvé le squelette d'un âne et les débris d'une petite charrette, un mors, divers comestibles. Le bâtiment est couvert en terrasse ; les chambres étaient au-dessus des boutiques.

Je terminerai en citant la petite auberge de *l'Éléphant*, découverte, en 1861, à côté de la maison de Siricus. A l'extérieur, est peint un éléphant entouré par un énorme serpent et conduit par un nain. Une inscription nous apprend que Sittius a restauré ou fait restaurer cette peinture[1] ; car l'on ne sait si c'est le propriétaire ou le peintre qui s'appelait Sittius. à croirais plus volontiers que c'est le propriétaire, parce que les peintres de Pompéi n'avaient point l'habitude de signer leurs œuvres. Une autre inscription avertit les passants qu'ils trouveront dans cette maison hospitalière toutes les commodités désirables et une salle à manger avec trois lits : HOSPITIVM HIC LOCATVR TRICLINIVM CVM TRIBVS LECTIS ET COMM[ODIS]. L'intérieur est très petit, très modeste, la décoration, nulle ; on n'a trouvé que des ustensiles de cuisine. Je suppose qu'on venait à *l'Éléphant* faire des parties fines, comme de nos jours chez le traiteur ; peut-être même étaient-ce des parties de débauche, attendu que le quartier devait être mal famé ; en face est le lupanar, que son plan, ses peintures, ses inscriptions ne permettent point de méconnaître. Mais j'arrive ici à un genre d'industrie qu'il ne me convient point de décrire. Je termine sans avoir épuisé mon sujet.

FIN DE L'OUVRAGE.

---

[1] SITTIVS RESTITVIT ELEPANTVM. L'H d'*elephantus* a été omis.